おふくろの味

イデオロギーと郷愁、概念の変遷をめぐって

大野雅子

はじめに

序章で、「おふくろの味」と聞くと何を連想するだろう、と自問《じもん》し、「クリームシチュー」と自答《じとう》したところから、子どものころのエピソードを語りはじめた。その結果、序章がすっかり長くなってしまった。そのため、序章の前に「はじめに」を加え、「本書の構成――各章の要約」をこちらに移動させた。

このような理由から、この「はじめに」においては、次の一点を述べるにとどめる。

本書は、『母恋い――メディアと、村上春樹・東野圭吾にみる〝母性〟』（ＰＨＰエディターズ・グループ、二〇二一年）、『母なる海――『豊饒の海』にみる三島由紀夫の母恋い』（ＰＨＰエディターズ・グループ、二〇二二年）に続く、「母恋い」シリーズ三部作の最後である。

本書の構成――各章の要約

序章　「おふくろの味」という物語

男性は、母親に対する甘えを妻に対する甘えへと切れ目なく移行させ、「おふくろの味」という郷愁に彩《いろど》られた物語を創《つく》りだす。他方、女性も、男性による大きな物語のなかに組み込まれ、その物語を堅固《けんご》なものにするために力を貸す。「おふくろの味」はイデオロギーとして機能しているのだ。しかし、「おふくろの味」をなつかしむ気持ちが人間本来の感情であることを、否定することはできない。「おふくろの味」に対する私のアプローチはアンビバレント――どっちつかず――なのである。

本書で行うのは、「おふくろの味」のディスコース分析である。新聞記事を文学作品のように読み、映画や文学作品を歴史資料のように使うことが本書の特色である。

一章　「おふくろの味」創出をめぐる歴史的状況〈一九五〇年代後半〜一九六〇年代前半〉

読売新聞に「おふくろの味」という言葉が「母のなつかしい手料理」という意味で初めて使われたのは、一九六三（昭和三八）年の二つの記事である。この記事を書いた記者の周辺を想像することによって、一九六〇年代の日本の歴史的状況を明らかにする。一九六三年という年に、ある男性が「おふくろの味」に郷愁を抱《いだ》いたという事実は、個人を超えた、日本の現代史における必然であった。

一九六〇年代が地方出身者の時代であったということ、「女中さん」が炊事を担当していたという可能性、インスタント食品や電化製品が急速に普及したこと、娘が母親から料理を受け継ぐことができなかったという世代的な問題――このようなことを考察する。

二章 「おふくろの味」創出の時代〈一九六〇年代後半〜一九七〇年代〉

一九六〇年代後半から一九七〇年代の「おふくろの味」を、新聞記事を年代順に追いながらみていく。一章でみた、「おふくろの味」を創出させた歴史的状況に加えて、食卓の献立が子ども中心（子どもが主役）になったという事情もみえてくる。「おふくろの味」は子どものストレス緩和《かんわ》や非行防止のために有効であると論ずる記事もある。「家庭婦人」の家事時間が一九六五（昭和四〇）年に減少するが、一九七〇（昭和四五）年に再び増加することにも注目したい。この時代、料理は母親の愛情の発露《はつろ》であるという考え方が現れつつあったのである。「おふくろの味」は日本語と日本文化のなかでイデオロギーとしての役割を着実に担《にな》いつつあった。

三章 映画「若大将シリーズ」と「サラダ」

「サラダ」は映画『大学の若大将《わかだいしょう》』（一九六一〈昭和三六〉年）で若大将が食す料理である。しかし「若大将シリーズ」が、当時の平均的大学生の生活を写しだしたものではないということは、大学進学率と海外渡航《とこう》をめぐる歴史的状況をみてもわかる。

「若大将シリーズ」のストーリーは、垂直方向に深まっていく代わりに、水平方向に設定の種類を増やしていく。この〈奇妙なパターン〉の反復、さらに、主人公の雄一とその役を演ずる加山雄三《かやまゆうぞう》との区別の喪失によって、この映画の世界は観客の日常世界から隔絶《かくぜつ》する。それとともに、「サラダ」もこの時代の日常生活から隔絶するのである。

四章　石坂洋次郎『陽のあたる坂道』における洋食と和食の対比構造

石坂洋次郎《いしざかようじろう》の『陽《ひ》のあたる坂道』（一九五七〈昭和三二〉年）にも、「パン、サラダ、ベーコンエッグ」が登場する。この作品においては洋食と和食が対比構造をつくっている。一方には「パンとサラダとベーコンエッグ」と「ビフテキ」の領域、他方には「トンカツ」と「石焼き芋」と「ラーメン」の領域という、二つの領域が作品内には存在するのである。前者の食べ物は主人公のたか子にとってごちそうと映ったが、後者の食べ物を口にするとき、彼女はより自分らしさを発揮できた。

これは、日本社会が、洋食に憧れた時代にあって、徐々に和食――「おふくろの味」――の再発見に向かいつつあったことを象徴的に表している。

五章　「サラダ」と「パン」と、『女と味噌汁』

テレビドラマ『女と味噌汁《みそしる》』（平岩弓枝《ひらいわゆみえ》原作、一九六五〈昭和四〇〉年―一九八〇〈昭和五五〉年、ＴＢＳ系列）には、一九六〇年代から一九七〇年代にかけての日本社会において、人々が和食――「おふくろの味」――を選びとっていくプロセスが象徴的に描かれている。日本社会がアメリカのような物質的に恵まれた社会を目指すなかで、「パンとサラダ」は理想の社会を象徴するモダンな食べ物であった。

主人公の千佳子《ちかこ》は芸者という職業を運命的に背負っているため、恋を成就《じょうじゅ》させることができない。そういう意味において、彼女は「欠如《けつじょ》」を背負っている。だからこそ、彼女は視聴者の共感を得た。同様に、人々が「味噌汁」または「おふくろの味」に惹《ひ》かれたのは、それが過去に置き去りにされた、「欠如」を背負った料理だからである。

六章　一九八〇年代～二〇二〇年代における「おふくろの味」――概念の変遷

一九八〇年代以降、「おふくろの味」は、個人的な郷愁を表す名詞であることをやめて、「伝統的な和食」「手作り料理」「郷土料理」「母から娘へと継承される家の味」「馴染《なじ》み深い味」という意味をまといながら、巨大化していく。

おもしろいのは、新聞記事において、アメリカ生まれの俳優・黒田アーサーにとっても

「イモの煮ころがし」は「おふくろの味」なのだと述べられること、または、『友竹正則のくいしんぼ坊！万才』というテレビ番組で友竹《ともたけ》が、「土地土地のおふくろの味」をめぐるのが楽しみだと発言することである。このようなディスコースを通じて、「おふくろの味」は、特定の個人から離れ、自律《じりつ》的に存在する一般的概念となっていくのである。

おふくろの味　目次

はじめに　1

序章　「おふくろの味」という物語

一　私の「おふくろの味」——母と娘のデリケートな関係性　17
二　イデオロギーとしての「おふくろの味」と、郷愁としての「おふくろの味」　23
三　大学の授業における「おふくろの味」
——ハンバーグ、豚肉の生姜焼き、肉じゃが　25
四　大学の公開講座における「おふくろの味」
——なすとみょうがの煮つけ、タコの砂糖煮　27
五　「母恋い」シリーズ三部作——『母恋い』『母なる海』『おふくろの味』　34
六　「おふくろの味」に関する先行研究　39
七　本書の特徴——文学的アプローチ　42

一章　「おふくろの味」創出をめぐる歴史的状況〈一九五〇年代後半～一九六〇年代前半〉

一　一九五〇年代後半の「おふくろの味」――〝母親の味〟食堂　50
二　一九六三年「おふくろの味」初出――ヒジキの煮物とイカの塩辛　52
三　一九六〇年代は地方出身者の時代――農村から都会へ移動する人口　56
四　小津安二郎『お茶漬の味』――地方出身の夫と上流階級出の妻　58
五　昭和の「女中」――『だいこんの花』と『寺内貫太郎一家』　62
六　母と娘の間で受け継がれなかった料理術1――阿古真理『うちのご飯の60年』　66
七　急速に変化する戦後日本――続々と開発されるインスタント食品　69
八　母と娘の間で受け継がれなかった料理術2
――湯澤規子『7袋のポテトチップス』　72

二章　「おふくろの味」創出の時代
〈一九六〇年代後半～一九七〇年代〉

一　「家庭料理不在」と中年男性の嘆き――食卓の「子ども中心主義」と「核家族化」　76
二　「母の手料理」と子どものストレスと非行の関係
　　――「愛情イデオロギー」と「専業主婦」　80
三　男性の嘆き――「白髪の老母」が作る「おふくろの味」　87
四　アメリカの老人ホーム――日本の家族主義と比べて　89
五　失われた「おふくろの味」を店に求める男たち　92
六　女性たちの間で料理の手作りブーム　96
七　オカラの味――夫婦の歳月の味わい？　100

三章　映画「若大将シリーズ」と「サラダ」

一　『きょうの料理』の先端性　106

二　「サラダ」は洒落た料理　110
三　映画『大学の若大将』における「サラダ」　114
四　映画「若大将シリーズ」は夢の世界――大学進学率と海外渡航　120
五　映画「若大将シリーズ」の〈奇妙なパターン化〉が夢の世界を現出する　127

四章　石坂洋次郎『陽のあたる坂道』における洋食と和食の対比構造

一　『陽のあたる坂道』における洋食と和食の対比構造　136
二　昭和の人気作家・石坂洋次郎　138
三　『陽のあたる坂道』における「ロールパン、サラダ、ベーコンエッグ」　140
四　『陽のあたる坂道』における「ビフテキ」　144
五　『陽のあたる坂道』における「トンカツ」　153
六　『陽のあたる坂道』における「石焼き芋」と「ラーメン」　160

五章　「サラダ」と「パン」と、『女と味噌汁』

一　パンの記号性と日本人のパン嫌い　166
二　戦後の「粉食運動」とパン食の定着　170
三　お米党が3分の2　173
四　小説『女と味噌汁』の「視点」　176
五　『女と味噌汁』の四人の男たちと「食」　182
六　『女と味噌汁』における千佳子の「欠如」　188
七　『女と味噌汁』における「味噌汁」の象徴性　195

六章　一九八〇年代～二〇二〇年代における「おふくろの味」──概念の変遷

一　雪だるまのように大きくなる「おふくろの味」　200
二　一九八〇年代(1)──一般名詞への変貌　202

三　一九八〇年代(2)――「伝統的な和食」　208
四　一九八〇年代(3)――「手作り料理」　212
五　一九八〇年代(4)――「郷土料理」　216
六　一九八〇年代(5)――「母から娘へと継承される家の味」　218
七　一九九〇年代――「母にはかなわない」　221
八　二〇〇〇年代～二〇二〇年代――「馴染み深い味」　228

付録　「おふくろの味」インタビュー集　251

おわりに　290

装画・挿絵　佐久間誉之
装幀　本澤博子
図表　桜井勝志

おふくろの味

※特記しない限り、新聞は読売新聞（全国版・朝刊）のことを指す。
※言及する新聞記事で用いられている旧漢字はすべて新漢字に改めた。

序章　「おふくろの味」という物語

一　私の「おふくろの味」――母と娘のデリケートな関係性

「おふくろの味」と聞くと何を連想するだろうか？　もし誰かに「あなたのおふくろの味は何ですか？」という質問を投げかけられたら、私は、「クリームシチュー」と答えると思う。低血圧の私は、子どものころ、朝食を食べることができなかった。中間試験や期末試験の朝、食べやすいようにと、母がクリームシチューを作ってくれた。市販のルーを使ったごく簡単なものだ。または、年の離れた姉が、誕生日会のときに作ってくれたオムライスも「おふくろの味」だ。友達の分も作ったわけだから、何度もフライパンを振っていくつも卵を焼いてくれたのだ。

ただ、このようなエピソードを語るのは、もし誰かに「あなたのおふくろの味は何ですか？」という質問を投げかけられたら、という前提があるからで、誰にも問いかけられていないのに、急になつかしく思い出すことはない。多くの日本人がそうであるように、私もやはり「おふくろの味」という神話に支配されている。だから、当然自分にも「おふくろの味」が存在すると固く信じているのだ。

とかく女性は母親との間にデリケートな関係性を抱《かか》えている。女同士は嫉妬するからだ。娘は、自分よりもずっと先に大人の女性になっていて、真っ赤な口紅をつけることもできるし、お洒落《しやれ》な洋服を自分で買うこともできる女性――母親――に強い憧れを抱く。母親がいないときを見計《みはか》らって、鏡台《きようだい》の引き出しから口紅を拝借《はいしやく》して自分のくちびるに塗ってみたりする。

しかし同時に、娘にとっての母親とは、大好きな父親――将来はお嫁さんにしてほしいと思っている男性――の特別な愛情を受けている女性である。特に夜の寝室で、父親と母親は二人だけの特別な時間を過ごしているように思える。それは不可侵《ふかしん》の時間と空間であるように思える。

母親もまた娘に嫉妬する。母親にとっての娘とは、夫が限りない愛情を注いでいる存在である。夫は娘のなかに自分自身の反映をみているからなのか、それとも、自分が愛した妻の若いころをみているからなのか――いずれにせよ、夫が娘を愛することは家族を愛することと同義である。それにもかかわらず、娘は自分よりも若い、自分よりも恵まれた時代に生きていて自分よりも自由な選択肢をもっている——そういう単純な理由で、母親は娘に嫉妬するのだ。

特に私のような高学歴の女性は、母親にとっては扱いづらい存在だ。私は母親の学歴をはるかに飛びこしてしまった。学歴どころか、とにかく何もかも、あらゆる点で、母親とはまったく異なる女性になってしまった。

でも、私が努力してきたのはひとえに母親に褒めてもらいたかったからなのだということに、彼女はまったく気がついていなかっただろう。天国で今この本を読んで、驚いているだろうか。それとも、いつものように、「私は学《がく》がないから」といって、この本を手にとることを嫌《いや》がっているだろうか。

とにかくデリケートな関係だった。あれは小学校五年生くらいのことだった。学校で親の最終学歴を調べてくるようにといわれて、母に尋《たず》ねた（父が大学出であることは、私の故郷の農村では珍しいことだったから、いつも話題になっていて、聞く必要はなかった）。母は洗濯機に洗濯物を放りこみながら、私のほうを振り向きもせずに、「私だって、高女《こうじょ》を出たのと同じなんだから」と悲しそうに呟《つぶや》いた。「高女」というのが、「高等女学校」のことだということ、新制中学校・新制高等学校の制度ができるまでは、女子は義務教育を終えたあと、高等女学校に行ったという歴史的な事実は知っていた。

「高女を出たのと同じ」というのが、何を意味しているのかはわからなかったのだが、少なくとも「高女」を出ていない、ということはわかった。ということは、母は義務教育だけで終わったのだということを、私はその瞬間理解した。しかし、「高女を出たのと同じ」と言うことによって、母は一体何を言おうとしていたのだろうか。入学したが、家庭の事情で中退したということなのか、それとも、ごく若いときに結婚が決まって自ら進んで中退を選んだのか。または、入学すらしていないのか。北海道の伊達《だて》にあったと思われる（これすら私ははっきりとは聞いていない）母の実家は、それほどまでに貧乏だったのか。それとも、その当時、その辺《あた》りでは母のような人生がごく普通のことだったのか。

とにかく何もわからない。母に何かを聞いてはいけない、ということはずっと前からわかっていた。母に聞いていいことは、今晩のおかずとか、そんなことだけだということもわかっていた。それなのに、学校の先生が調べてこいなんていうから、母を悲しませてしまったのだ。先生は、すべての家庭が和気《わき》あいあいといろいろなことを包み隠さず話し、幸せいっぱいだと思っているのか、と無性《むしょう》に腹が立った。学校に提出しなければならないその用紙に、結局何と書いたのかは覚えていない。

こんな私がなぜ「おふくろの味」に興味をもって、とり憑《つ》かれたようにこの本を書いたのだろう。私は、私の「おふくろの味」は試験の日の朝に母が作ってくれたクリームシチューだという神話を作って、愛情を注いでくれた母がいたことを自分自身に納得させたかったのだ。私は一つの「物語」を作りたかったのだ。

私は、研究を通じて、人は皆、母の愛情溢《あふ》れる料理の思い出を胸に抱《いだ》いて生きているものなのかどうか、知りたかった。もし多くの日本人が「おふくろの味」の温かい思い出を携《たずさ》えているという研究結果が得られたならば、私もクリームシチューの物語のなかで生きることにしようと思った。もし「おふくろの味」の温かい思い出をもたないことを嘆いている人が多いようならば、私も一緒に嘆くつもりだった。

結果は前者に軍配《ぐんばい》があがった。しかし、私にわかったことは、人々は「おふくろの味」のイデオロギーのなかに埋没《まいぼつ》しており、それが一九六〇年代以降に構築《こうちく》された概念だということに気がついていないということだ。

私を「おふくろの味」研究に衝《つ》き動かした理由は、このように個人的なものだった。

それは、母が生きた時代を知りたいという願望でもあった。生前、母が語ってくれなかったことを私は知りたい。母個人の人生でなくとも、母が生きた時代を知りたい。生きていたときに何も語ってくれなかった母であった。せめて母が生きた時代を知ることによって、少しでも母に近づきたいという抑えがたい欲望が、いつのころからか疼《うず》いていた。もともと一六世紀の英文学を専門とする私が、研究を通じて日本のこの時代を知りたいと思ったのには、そのような理由があった。

本書が一九五〇年代後半から一九七〇年代に焦点を絞《しぼ》るのには、そのような理由が背後にある。母が前の夫を亡くしたあと私の父と知り合い、私にとっては異父姉妹となる姉を連れて結婚し、新潟の父の実家で私を生み育てた年月——その年月に対する興味と、東京で一人暮らしを始めた私が自分自身の人生を自由に生きた一九八〇年代以降に対する興味とを、同じ直線上で語ることは不可能なのである。

一九八〇年代以降の「おふくろの味」の概念の変遷は、研究テーマとしては大変興味深い。「おふくろの味」が様々な意味をとりこみながら急速に拡大し、日本語と日本文化の一部になっていくのである。「おふくろの味」の概念の変遷をみることは、「おふくろの味」を鍵として時代の変遷をみることでもある。一九八〇年代から四〇年余りの時を経た今の視点からみると、まるで急行列車に乗って窓外《そうがい》の景色を見るかのように、時代の移り変わりを一望《いちぼう》することができる。経済成長とともに日本社会が保守化していき、「おふくろの味」を受け入れる素地ができあがっていくのである。

一九八〇年代以降については、六章にまとめて論じた。それに関してもいつか一冊の本にする機会が訪れるかもしれない。

二　イデオロギーとしての「おふくろの味」と、郷愁としての「おふくろの味」

「おふくろの味」を研究するにあたって、私が最初にやったことは、勤務する帝京大学の図書館に入っている、読売新聞のデータベース「ヨミダス歴史館」で「おふくろの味」を検索することだった。明治・大正・昭和の全国版で一九四件、平成・令和では八八三件ヒットした。

本書においては、読売新聞を時間軸に沿って解読しながら、必要な場合に適宜《てきぎ》、他の新聞の記事にも言及する。

「おふくろの味」という言葉が、「郷里の母親が作ってくれたなつかしい料理の味」という意味で最初に使われるのは、一九六三（昭和三八）年、ある男性記者による二つのコラムのなかである（一章）。この記者の素朴な郷愁は、一二年後の一九七五（昭和五〇）年五月十一日の「気流　お茶の間論壇」において「おふくろの味」特集が組まれるほどに日本を席捲《せっけん》する概念になる（二章）。

「おふくろの味」に言及する記事を二〇二〇年代まで読んでわかったことは、この言葉が急速に巨大化していき、日本語と日本文化の一部になっていったということである。

ある中年男性が、あるとき自分の母親の料理に対して郷愁を抱いた。そこで使われた「おふくろの味」という言葉は、ほどなくして一般的概念に変貌《へんぼう》する。この言葉はいつの間にか当たり前のように使われるようになるのである。

新聞記事のなかには、男性も女性もそれぞれに、「おふくろの味」をめぐる物語を生みだし、その温かい海に身を浸しているのがみえる。男性は、母親に対する甘えを妻に対する甘えへと切れ目なく移行させ、郷愁に彩《いろど》られた物語を創《つく》りだしていく。女性は、「家庭」や「母」という価値観のもとに自分自身のアイデンティティを創りあげようとする。女性は、男性による大きな物語のなかに組み込まれ、その物語が自分自身の物語ではないことに気がつきもせず、その物語を堅固《けんご》なものにするために力を貸すのである。「おふくろの味」という言葉が、このようなイデオロギーの形成に大いに関与しているということを知る必要がある。

「おふくろの味」とは脱《だつ》構築されるべき概念なのだ。とはいえイデオロギーの外に出ることは容易ではない。我々に可能なのは、それが形成された歴史的過程を学ぶことによって、自分たちがその内側にいることを知ることである。(1)

これが本書の趣旨ではある。

しかし、否定的にみえる趣旨は実は、完全に否定的ではない。「おふくろの味」をなつかしむ気持ちは多くの人の心のなかに存在するものだ。母を恋う気持ちは人間本来の感情である。母が昔作ってくれた料理の味は、舌が覚えている。その味も食感も香りも、我々を一気《いっき》に子ども時代へと連れ戻してくれる。母に思いっきり甘えて、自他の区別なく母と融合《ゆうごう》していた、あの楽園の時代へと。

矛盾した考え方である。私は自分が矛盾していることを知っている。クリームシチューを自分の「おふくろの味」だと思ったり、思わなかったり、それと同じ状況である。それは、私自身も「おふくろの味」イデオロギーのなかに存在している日本人だということを示している。それが一つの「物語」にすぎないこと、日本の歴史を通じて普遍的に存在している概念ではないことを知っており、そのイデオロギーの外に出ようと苦闘しているのであるが、同時に、そのなかに埋没している日本人なのである。

このような両面価値的な様相《ようそう》が本書を通じて現れるであろう。これに関しては、以下で述べる。

三　大学の授業における「おふくろの味」——ハンバーグ、豚肉の生姜焼き、肉じゃが

「おふくろの味」という言葉はいつの間にか日本語の語彙《ごい》の一つになっている。大学の授業で学生たちに「皆さんにとっての「おふくろの味」は何ですか?」と聞いてみた。もちろん、この質問は一見そう聞こえるほどにはシンプルではない。論理的・分析的に物事を考える学生だったら、「まず「おふくろの味」とは何か、定義するべきだ」と思ったかもしれな

い。社会的な事柄に敏感な学生だったら、「この先生は、父子《ふし》家庭とか孤児院《こじいん》で育ったとか、そういう状況があることをまったく想像できない無神経な人だ」と思っただろう。

私は実は、学生がどう反応するかをみるために説明不足と無神経さを重々《じゅうじゅう》承知しながら質問したのである。前者のケースにあてはまる学生だったら、挑戦的な眼差《まなざ》しで私を見つめながら「「おふくろの味」って何ですか？」と突《つ》っかかるように質問してきただろう。後者の学生だったら、悲しそうにうつむいて私から目をそらしただろう。

意に反して、学生たちは私の質問を素直に受けとった。多くの学生たちが元気よく答えてくれた。前のほうに座っていた男子三人組のうち、左側の学生は「ハンバーグ」、真ん中の学生は「豚肉の生姜《しょうが》焼き」、右側の学生は「肉じゃが」と、うれしそうに答えた。授業終了時に提出させたコメントペーパーでは、留学から帰ってきたばかりの女子学生が、「母の肉じゃがが大好き！　カリフォルニアにいるときは寮で肉じゃがとカレーを交互に作った。向こうのスーパーで売っている野菜類は一袋が大量なので、そうでもしないと、じゃがいもと玉ねぎと人参を消費しきれなかったから」と書いていた。別の女子学生は、「私は母が作ってくれる豚汁《とんじる》が大好きなので、留学に出発する前の夜に作ってもらった。留学から帰ってきたときも真先《まっさき》に豚汁を作ってもらった。母の豚汁を食べるとやっぱり家《うち》が一番だと感じた」と書いていた（帝京大学外国語学部では、二年次後期の留学が卒業要件になっている）。

学生たちのこのような素直な反応を前にして、私は内心《ないしん》大いに戸惑《とまど》っていた。一つの可能性としては、学生たちは自らの人生の苦悩を教室で吐露《とろ》したくなかったということも考えられる。本当は、母一人子一人、地を這《は》いずり回るような貧乏のなかで生きてきたのかもしれない。母親は水商売で夜はひとりぼっち、夕食はいつもカップラーメンだったのかもしれない。そのような不幸をひた隠しにして、先生と級友たちを前にしたときには、「僕の「おふくろの味」は肉じゃが！」と偽《いつわ》りの物語を語ったのかもしれない。偽りの物語を語ることを常《つね》としてきた私は、ついこういう穿《うが》った見方をしてしまう。

真実はわからない。幸せな家庭に育ったかのようにみえる学生たちも、我が家で行うゼミの飲み会では、夜も更《ふ》けてくると、実は複雑な家庭環境だったなど、様々な悩みを打ち明けてくる。教室ではそこまで突っ込んで聞くことはできない。

四　大学の公開講座における「おふくろの味」――なすとみょうがの煮つけ、タコの砂糖煮

帝京大学では年二回「帝京ライフロングアカデミー」という公開講座を催《もよお》している。地域の社会人の方々を対象にして、大学の授業を公開し、学んでいただこうという趣旨《しゅし》である。地域に密着した大学というコンセプトだ。

二〇二三年二月、私は、「1960年代日本における「おふくろの味」～和食を食べたが

る夫と洋食を作る妻〜」というタイトルで話をした。本書の一章、三章、五章はこの公開講座での話に加筆・修正したものである。一九六〇年代に「おふくろの味」という概念が出現したことと、その出現を必然化した歴史的状況を主題とした。「和食を食べたがる夫と洋食を作る妻」という副題は、本書の二章と三章で論ずるように、専業主婦率が上昇しつつあった時代に、「主婦」たちが料理本に拠《よ》って最先端の洋風料理を作ろうとする一方、夫たちは伝統的な和風料理をなつかしんだという状況を指している。

公開講座は、大学の授業と同じ九〇分間である。九〇分全部を使って私が講義を行うと、大学の授業同様、眠気《ねむけ》を誘ってしまうので、最後の三〇分は、受講者の方々にグループをつくって話をしてもらった。本書（と「母恋い」シリーズの他の二冊）の編集者と、私のゼミの卒業生が参加してくれていたのを幸いに、彼女たち二人に二つのグループの司会をお願いした。実は、話がはずむかどうか、とても心配していたのだが、五分ほど経つと、場が和《なご》んできたのを明らかに感ずることができた。

一方のグループにいた五十代の女性は、昔、祖母が畑を作っていて、母が、そこで採《と》れたなすとみょうがを一緒に煮てくれたというエピソードを語った。子どものころはみょうがが大嫌いで、いつもよけて食べていたことを今では母に申し訳ないと思っているという。もう一つのグループにいた九十歳くらいの男性（とても若々しい方だった）は、瀬戸内の出身であるが、子どものころに食べた「タコの砂糖煮」が舌の記憶として残っているそうだ。彼はこの講座が終わったら、子どもや孫たちと一緒に食事に行くのだとうれしそうに語っていた。現代では、親と子どもが接する時間が短いので、そのせいで「おふくろの味」が継承《けいしょう》されないのだと憂《うれ》えてもいた（参加者リストには、お名前とともに生年月日も記されていた。七十代以上が大半、五十代～六十代が二～三人、二十代が一人だった。参加者の皆さんが実年齢よりも大変お若く見え、生き生きしていたのが印象的だった）。

この講座における私の反省点は、話の焦点を絞りきれていなかったことだ。「おふくろの味」について皆さんで話をしてください、と言ったとき、困惑したような表情を浮かべた一人の男性がいた。「どういうことですか？」と言いながら。私はその方の表情が今でも気になっている。

私の話は、「おふくろの味」という事象に対して、直球《ちょっきゅう》で勝負したものではなく、周辺を掘りさげることによって、その事象の輪郭《りんかく》を明らかにしようとする試みであった。一九六〇年代の東京には地方出身者が多かったこと、「女中さん」の存在が今よりは一般的だったこと、母と娘の世代間ギャップが激しかったこと、インスタント食品が次々と売りだされたこと（以上、一章）、料理本には誰も食べたことがないような洒落た料理のレシピが載《の》っていたこと（三章）、戦後の「粉食《ふんしょく》運動」への反動から米飯への郷愁が高まっていたこと（五章）――「おふくろの味」が生まれてくる背景となったと思われる、これらの歴史的状況を、データと映画を引用しながら解こうとしたのだった。

しかし私は結局、「おふくろの味」が何なのか、まったく定義づけをしていなかったのだ。それは定義づけなどできないものであるから、という理由はあった。時代とともに様々な概念がまとわりついてきて、「おふくろの味」は雪だるまのように膨《ふく》れあがる。最初は「母が作ってくれたなつかしい料理」だったのが、「一般的な和食」「手作りの料理」「郷土料理」「馴染《なじ》み深い味」などの意味が加わり、その意味の範囲が広がっていくのだ。

「おふくろの味」が発生した一九六〇年代をトピックにした公開講座では、最初の意味――「母が作ってくれたなつかしい料理」――における「おふくろの味」を話題にしていたのだが、それについて語っている今、人々の心には様々な意味での「おふくろの味」が存在している。このことを説明すべきだった。「おふくろの味」は、もとの狭い意味から発展して、今では多様な意味で使われているということを。その多様な意味も含んで話してくださいと言えばよかったのだ。

そもそも、「おふくろの味」が発生したのが一九六〇年代であったということは、それ以前には存在していなかったということであり、私の話の趣旨は実はそちらのほうにあった。

「おふくろの味」の歴史をみることによって、それが日本文化において決して普遍的な概念ではないことを主張しようと思っていた。それにもかかわらず、「おふくろの味」について話してくださいとお願いするということは、「おふくろの味」を歴史を通じて常に存在している言葉・概念として考えていることになる。ここにも大きな矛盾があった。

大学の授業と公開講座において、私は、「おふくろの味」が拠ってたつ基盤《きばん》を脱構築しようとしていた。「おふくろの味」は日本の文化遺産であるとか、人々は決して「おふくろの味」を忘れてはいけないとか、私はそんなふうには思っていない。私の論旨は否定的なものであったのだが、私はこの趣旨と矛盾した言動――「あなたにとってのおふくろの味は何ですか?」とニコニコしながら尋ねる――をとったのであった。

だから公開講座で一人の男性が「どういうことですか?」と聞いてきたのだ。一体この先生は自分から何を聞きたいのか、と疑問に思ったのであろう。自分は「おふくろの味」についてしみじみ語ればよいのか、それとも、それが幻想であることに賛同すればよいのか、と。

しかし、学生と公開講座参加者の大半は、私の論旨の矛盾には目をつむって、素直に「おふくろの味」を思い出してくれた。そして、このような心の触れあいは楽しい経験だった。

私は友人と話をするときでも、必ずその人に「おふくろの味って何?」と聞いている。この話は楽しい。

結局、私は、「おふくろの味」が「肉じゃが」だとか「豚肉の生姜焼き」だとか話しながら人々と心を触れあわせるのが楽しいのである。

このように、「おふくろの味」に対する私の態度は、アンビバレント――どっちつかず――なのである。前述したように、私は、「母が作ってくれたクリームシチュー」という物語のなかに生きたいと思っている。でも同時に、私には「おふくろの味」の温かい思い出など存在しないという絶望的な考えにもとらわれている。後者を生き抜くためには、多くの日本人が「非歴史的」なもの――歴史を通じて存在し続けている普遍的なもの――だと勘違いしている「おふくろの味」という概念が、実は、「歴史的」なもの――特定の歴史的状況のなかで生まれた歴史の浅いもの――であることを指摘する必要がある。他方、前者の物語を楽しむために、いろいろな人々と「おふくろの味」の楽しい話に花を咲かせたい。

本書を通じて、このアンビバレントな考え方が登場すると思う。この本は、「おふくろの味」を否定しようとしているようでいながら、同時に、楽しんでいるような印象も与えるだろう。その両方が私のなかには存在するからである。

「おふくろの味」という言葉と概念が流布《るふ》することによって、母の手料理こそが子どもの非行を抑制するというような考え方や、「主婦」は家事に手抜きをすべきではないというような考え方が蔓延《まんえん》するのは、大変危険である（二章）。

しかし、母のレシピをみながら梅干しを漬けた女性が、「おふくろの味」を受け継いだことに満足するのは、「おふくろの味」の良い側面を表している（六章）。または、東京で一人暮らしをしている男子学生が、郷里の母に電話して、「クリスマスには帰るから「おふくろの味」の白菜漬け頼むよ」と言うのは微笑ましい（七節「本書の特徴――文学的アプローチ」及び六章）。私の学生が「僕の「おふくろの味」はハンバーグ！」と言うのも微笑ましい。

付録のインタビュー集には、「おふくろの味」の思い出を衒《てら》いなく語ってくれた人と、懐《かい》疑《ぎ》的な意見を述べた人の両方のパターンが存在する。「おふくろの味」の二つの側面――イデオロギーと郷愁――がよく表れている。高学歴の男性は、女性蔑視《べっし》の思考を理性で抑えこみ、男女平等を生きようとする傾向が強いので、自分には「おふくろの味」はない、妻に「おふくろの味」は求めない、と宣言することが多い。しかし高学歴の人が必ずしも分析的に「おふくろの味」について考えるわけではないので、母のあの料理がおいしかった、となつかしそうに語ってくれる場合もある。戦時中や戦後に子ども時代を送った、ある年齢以上の方々は、食べるのに精いっぱいだった、「おふくろの味」どころではなかったと言う。「おふくろの味」が、高度経済成長只中《ただなか》の一九六〇年代以降の概念だということがよくわかるコメントである。

「主婦」であることに自分のアイデンティティを求めない女性――仕事をもっていても、もっていなくても――は「おふくろの味」について考えることを楽しまない傾向がある。しかしプロフェッショナルな女性のなかにも楽しそうに語ってくれる人もいた。食べ物が好きなのであろう。

こんなふうに、インタビュー結果は様々であった。「おふくろの味」の多様な面が表れている。

私は、こんなふうにしていろいろな方々と「おふくろの味」について語ることがこの上なく楽しかった。

五 『母恋い』シリーズ三部作――『母恋い』『母なる海』『おふくろの味』

二〇二一年三月に『母恋い――メディアと、村上春樹・東野圭吾にみる〝母性〟』（PHPエディターズ・グループ）という本を出版するにあたって、題名は最後まで決まらなかった。経験上、題名というものはあるとき突然、天から降ってくるものだという思いがあった。しかし今回は、二回目の校正が終わるころになって天を仰いでも、降ってくる気配《けはい》はなかった。

『母恋い』とは、一体誰が名づけた題名であったのか。対面・メール・電話で編集者と何度か話し合いを重ねていたころ、『母恋い』というタイトルが突如《とつじょ》として提案され、皆が膝を打ち、全員一致でそれに決めたように記憶している。

「母恋い」をキーワードに三冊も書くとは当初はまったく予定していなかった。『母恋い――メディアと、村上春樹・東野圭吾にみる〝母性〟』を書き終えると、次の『母なる海――『豊饒の海』にみる三島由紀夫の母恋い』へ、それを終えると次はこの本『おふくろの味――イデオロギーと郷愁、概念の変遷をめぐって』へと、自然と移行していった。

一冊目の『母恋い』についてまとめさせてほしい。本書はこの本で書き足りなかった部分を書き始めることから始まったからだ。

『母恋い』は二部構成である。第1部では、映画やテレビにおける「おふくろの味」の表象を分析した。料理バラエティー番組『料理の鉄人』（フジテレビ系列、一九九三―一九九九年）の「じゃがいも対決」で小林カツ代（一九三七―二〇一四年）が中華の料理人・陳建一《ちんけんいち》（一九五六―二〇二三年）に勝利した瞬間は、「肉じゃが」が「おふくろの味」の代名詞となり、「母性」が日本文化の規範《きはん》になった瞬間でもあった。『新・美味しんぼ』（フジテレビ系列「土曜プレミアム」、二〇〇七―二〇〇九年）の「おむすび対決」では、おむすびが「母の愛」

が充満《じゅうまん》する食べ物として記号化されていた。

その他様々なメディアの分析を通じて、「母性が日本社会全体を覆いつくす原理[2]」となったことを論じた。

キーセンテンスを引用すると、次であろう。


「母」とはその不在によってその存在を大きくし、記憶のなかでその母性を輝かせる。「母」とは日本の近代が構築した幻想の物語なのである。[3]

先に、本書には「おふくろの味」の二つの矛盾する側面——イデオロギーとして、郷愁として——が存在するといったが、実は、この『母恋い』にも矛盾が存在していた。「母」は郷愁の対象としてその存在を輝かせる、すなわち「幻想」なのであるが、私がこの本のなかで論じたことは、人々が母を恋う姿が多様なメディアに現れているということ、すなわち、日本社会は「母恋い」に覆いつくされているということであった。

第2部は、村上春樹と東野圭吾の小説の分析である。村上春樹の小説を読んでいると、一つのパターンがあることに気がつく。主人公たちが唯一無二《ゆいいつむに》の女性を追い求めるという西洋的枠組みで恋愛が語られるのである。しかし一見西洋的にみえるものは実はそうではない。

村上において女性は常にすでに失われている。喪失《そうしつ》の存在は、草や風の匂いとともに想起される。草や風の匂いとは、失われた〈母的なるもの〉の象徴である。村上の主人公たちが求める女性は〈母的なるもの〉なのである。

村上春樹において〈母的なるもの〉が隠蔽《いんぺい》されているのと同様に、東野圭吾の『白夜《びゃくや》行《こう》』（一九九九年）と『幻夜《げんや》』（二〇〇四年）においてもそれは隠蔽されている。そもそもこの二つの作品のつながりすら明確ではない。

村上春樹の作品群との共通点は、主人公たちが「過去に縛《しば》られている」ということである。村上の場合は、子ども時代に好きになった人をいつまでも思い続ける。東野の場合は、子ども時代のトラウマから逃れることができない。『白夜行』の雪穂《ゆきほ》は、自分が殺した母を捨てきれない。だから亮司《りょうじ》に執着する。雪穂も亮司も、母の愛情の代替物として異性愛を求める。

これは人間にとって自然な感情である。

「おふくろの味」に対する態度同様に、私はこの本においても矛盾していた。「母性」は幻想である。しかし、「母恋い」は普遍的心情であると論ずることにおいて。

『母なる海――『豊饒の海』にみる三島由紀夫の母恋い』（ＰＨＰエディターズ・グループ、

二〇二二年）において、私は、三島研究における最大の謎の一つを解決したと自負《じふ》している。三島由紀夫（一九二五〈大正一四〉―一九七〇〈昭和四五〉年）が自死する前に完成させた、『豊饒の海』四部作（一九六九〈昭和四四〉―一九七一〈昭和四六〉年）の四巻『天人五衰《てんにんごすい》』（一九七一年）の最後に、ヒロインの聡子《さとこ》は、悲恋《ひれん》の恋人・清顕《きよあき》の存在を否定する言葉を発するが、その言葉の意味は長い間謎とされてきた。

その言葉の意味の核心《かくしん》に到達するために、私は「海」のメタファーを詳細に分析することから始めた。一巻の『春の雪』（一九六九年）の鎌倉の海の場面で、清顕と陸《むつ》みあう聡子は「海になる」。私は、それをメタファーを超えたメタファーであると論じた。

三島にとって「海」は「彼方《かなた》」を意味する重要なイメージである。聡子が「海になった」ことは、向こう側の世界に行ったことを意味する。向こう側の世界に行った聡子にとって、清顕の在《ざい》・否在《ひざい》はもはや問題ではない。彼女は、母なる愛で彼を包みこむ〈母なる海〉になったのである。

『豊饒の海』における清顕、さらに、清顕の輪廻転生《りんねてんしょう》（と思われるもの）の「認知者」本多は、三島自身の投影である。聡子が「海になった」ことを、清顕＝本多＝三島の側から論ずると次のようになる。

聡子が「海」になったことによって、聡子も三島の母も、もはや清顕と三島を「母子一体化の愉悦の沼」[4]につなぎとめる存在ではなくなった。聡子が「海」になったことによって、聡子も三島の母も、「客体」となった。その時初めて、彼女たちは回帰すべき愉悦に満ちた場所となったのである。客体となった彼女たちは憧憬《どうけい》の対象になった。

『天人五衰』の冒頭部分に、本多が、母が昔作ってくれた「ホットケーキ」をなつかしく思い出す場面がある。[5]唐突に言及される「ホットケーキ」は、三島の「母恋い」の象徴である。作品のなかに「母」を決して描かなかった三島であったが、この最後の作品に「母」を描いたことの意味は大きい。

三島の「母恋い」が論じられるのはきわめて稀《まれ》である。それはテクストの表面には現れでないからである。

『母なる海――『豊饒の海』にみる三島由紀夫の母恋い』は、三島が残したテクストの空白を埋める試みであった。

六 「おふくろの味」に関する先行研究

「おふくろの味」研究は分野として確立してはいない。検索すると、料理本では「おふくろの味」という言葉はよく使われるが、論文はほとんどない。料理のレシピではなく、「おふくろの味」概念に言及しているほぼ唯一の論考といえるのが、現代食文化研究家の加藤《かとう》純《じゅん》一《いち》が『食の科学』に二回続けて載せている「「おふくろの味」志向のゆくえ」(6)である。加藤はこの論考において、「おふくろの味」を成立させているのが、「母系制の日本文化のもつ基層的な〝共同幻想〟としての〝母〟志向」と「「料理もできない男たち」の甘え志向」であることを指摘している。(7)「おふくろの味」という概念が基本的に男性の側から発想されたものであり、それを支えているのが、近現代の日本における母子密着型の社会構造であることを看破《かんぱ》した点において、洞察《どうさつ》に満ちた論考である。

一九九八年出版のこの論考のなかでは二つの予測がなされている。一つ目には、「女性の価値観やライフスタイルのいちじるしい変化」によって「おふくろの味」が成立しえなくなること、二つ目には、男性の自立によって「おふくろの味」が「自分の味」へ「脱構築」されていくことである。このような時代の変化があってもなお、「自立できない旧態依然とした伝統的日本型男性」は「疑似的な「おふくろの味」としての共同幻想の世界へ誘われていく」であろうという、否定的な予測も付け加えられている。(8)

現代日本社会が「母系制」に傾いているのは、加藤が指摘するように、「家庭内での妻の権力」や娘による「老親介護」(9)をみても明らかである。しかし、「母系制」とは、加藤、または周知のごとく、精神分析学者の河合隼雄《かわいはやお》(10)や文芸批評家の江藤淳《えとうじゅん》(11)が論じたように、日本社会を汎《はん》歴史的に特徴づけるものではない。それは、近代日本において構築された社会形態である。母と子の間に結ばれた「濃密な家族的情緒関係[12]」は、その歴史の浅さにもかかわらず、日本社会の伝統として非歴史的なものとされているのだ。

加藤は、「おふくろの味」ブームは一九五〇年代から一九六〇年代に発し、一九九〇年代に加速していると観察するのだが、なぜ一九五〇年代から一九六〇年代であらねばならなかったのか、その歴史性は考察の対象とはしていない。日本社会には「母系制」という川が地下深く「根強く流れて[13]」おり、それがあるとき地上に噴出《ふんしゅつ》したということであろうか。

加藤同様に、「おふくろの味」がイデオロギーとして機能していることを指摘し、さらに、その歴史性を分析したのが、湯澤規子《ゆざわのりこ》の『「おふくろの味」幻想――誰が郷愁の味をつくったのか』である。この本は、本書を書いている間に出版された。この本のなかで興味深いのは、「おふくろの味」を「ある特定の一皿に盛られた食べものから味覚を通じて得た経験であると同時に、その経験を通じて形成されたトポフィリア（場所愛）[14]」であると定義づけている点である。

「トポフィリア」とは、抽象的な空間から具体的な場所への読み替えを通じて生じる「場所愛」である。「おふくろの味」は味覚の記憶でありながら、「心理的な場所」であり、「「母なるもの」あるいは「母性」への思慕《しぼ》」である。それは人々の心のなかで場所に変換されて

「心理的に帰る場所、あるいは懐《ふところ》深く受け入れてくれる場所」となる。(15)「おふくろの味」という、本来空間的ではない概念が、場所として認識されるようになるという指摘はおもしろい。「おふくろの味」が「郷土料理」という意味を担《にな》うことができるのは、そのためであろう(本書六章でも詳述)。

湯澤は、この本のなかで、「おふくろの味」という「トポフィリア」が、高度経済成長期の都市と農村漁村の両方が経路となって形成されることを論証していく。「おふくろの味」は時代が進むと、「郷土」から「家庭」へと居場所を移す。それに伴って、ファミリーレストランや百貨店の大食堂も、「家族で楽しめる場所(16)」を「帰るべき場所」と同一化することに大きな影響力をもち、「家庭イデオロギー」の形成に一役《ひとやく》かったという指摘も興味深い。

七　本書の特徴——文学的アプローチ

読売新聞のデータベース「ヨミダス歴史館」で「おふくろの味」を検索することから「おふくろの味」研究を始めたと、先に述べた。

文学研究者の私にとっては、新聞を資料として読むというのは慣れない仕事だった。詩や小説のなかの言葉の深い含蓄《がんちく》を分析することを長らくやってきた私は、新聞記事を読むときにもやはり同じように、言葉の裏または奥底に隠れている意味を探しだそうとする傾向がある。

私は、前著『母なる海――『豊饒の海』にみる三島由紀夫の母恋い』において、聡子が鎌倉の海で「重い充溢《じゅういつ》のなかで海になった」という、この一文を出発点として、三島における「愛」について論じた。「海になる」という詩的表現は、詩的であるがために、論理を超えて読者を圧倒するのだが、実際それが何を意味しているのかを分析してみると、一冊の本のすべてを使って論じられるべき深みをもっていた。

私のアプローチは本書においても「文学的」である。例をだそう。

たとえば、六章で論ずる一九八〇年代の「おふくろの味」の新聞記事のなかに、長野県の五十歳の女性からの投稿《とうこう》がある（本章四節「大学の公開講座における「おふくろの味」」――なすとみょうがの煮つけ、タコの砂糖煮」でも言及）。東京に住んでいる息子が、「クリスマスまでには帰るよ。おふくろの味の煮物、うまい白菜漬け、そして朝鮮漬け頼むよ」と電話で言ってきたというのである。特に深読《ふかよ》みを必要とはしない言葉だ。

しかし私は、この場合の「おふくろの味」という言葉の使い方に違和感《いわかん》を覚えた。「おふくろの味」とは、もっと切《せつ》ないものではないのか。この発言は屈託《くったく》がなさすぎるのではないか。一九六〇年代、地方から東京にやってきた人々は、故郷に帰りたくても帰れない事情を抱《かか》えるなかで、「おふくろの味」を偲《しの》んだ。その切ない心情がここには欠如《けつじょ》している。さらに、この息子は「おふくろの味」という言葉をきわめて意識的に使用している。すでに日本語の語彙の一部となったその言葉を一般的な名詞として使っているのである。それゆえ、この発言において、「おふくろの味」は「和風料理」や「郷土料理」と置き換え可能となる。

このように、「おふくろの味」研究において私が行ったことは、「おふくろの味」のディスコース分析(17)であった。人々が自分でも気がつかないうちにそのディスコースに操《あやつ》られ、そのディスコースを自然化して捉《とら》える様を分析したのであった。そういう意味で、私の「おふくろの味」に対するアプローチは「文学的」なのである。

私が「おふくろの味」のディスコース分析に促《うなが》されるのは、文学を専門とする人間として、言葉が現実を写しだす代わりに、現実が言葉を写しだすという転倒《てんとう》——言い換えれば、言葉の自律性《じりつ》——に関心があるからである。本書では、新聞記事を多用するが、歴史的社会的資料として使用するだけでなく、一つの文学表現として分析する。

私のアプローチが「文学的」であるのは、映画・テレビドラマ・小説を資料として用いることにも表れている。新聞記事のほうが歴史的資料として正確だ、または、フィクションは現実を写しだしていない、と考える人もいるであろう。しかし、新聞記事とフィクションの両方を扱って思ったことは、一つの物語のなかで語られた場合のほうが、時代の全体像をみることができるということである。

たとえば三章では、『きょうの料理』一九五九（昭和三四）年三月・四月号のサラダ特集をみる。これを読んだだけでも「サラダ」が当時モダンな料理だと思われていたことはわかるのだが、そのことをさらに映画『大学の若大将《わかだいしょう》』（一九六一〈昭和三六〉年）においてみることによって、その時代の人々がサラダに対してどういうイメージをもっていたのかが、一つの構造として浮かびあがってくるのだ。映画「若大将シリーズ」は、現実の大学生の生活を写しだしたものではない。このシリーズは、〈奇妙なパターン化〉を通じて非日常的な世界を現出《げんしゅつ》する。そこから、『大学の若大将』で若大将が食べる「サラダ」もまた夢の料理であった、という結論が導きだされる。

四章では、石坂洋次郎《いしざかようじろう》（一九〇〇〈明治三三〉—一九八六〈昭和六一〉年）の『陽《ひ》のあたる坂道』（一九五六〈昭和三一〉十二月—一九五七〈昭和三二〉年十月、読売新聞に連載、一九五七年、大日本雄弁会講談社から単行本）を「食」という観点からみる。そこに表れる「食」を追っていくと奇妙なことがわかる。「パンとサラダとベーコンエッグ」と「ビフテキ」の領域と、「トンカツ」と「石焼き芋」と「ラーメン」の領域という、二つの相反する領域に分けることができるのだ。主人公のたか子は、初めは前者の領域に惹《ひ》かれていたのだが、結局は後者の領域を選ぶことになる。日本社会もたか子同様に、初めは洋食に惹かれていたが、結局は和食──「おふくろの味」──を選びとることになる。その動きが『陽のあたる坂道』には象徴的に表現されている。

文学作品も歴史資料の一つであり、他方、歴史資料も一つの文学テクストであるとしたのは、新歴史主義[18]の批評家たちである。彼らは、一見客観的な記述であるかにみえる歴史資料も、「歴史の生の現場あるいは事実を言葉によって再現表象する[19]」ことはできないとした。他方、文学テクストも、他のあらゆる文化的産物や社会的出来事とのネットワークのなかで生みだされるのだとすることによって、文学テクストの自律性という神話を破壊した。彼らの営為《えいい》は、文学テクストと歴史資料を同列に並べることによって、「文学と歴史の垣根をはずし、すべてのテクストを文学のジャンルと比喩形象によって支えられたフィクションとして読み解く[20]」ことにあった。客観的な歴史など存在しない。歴史も文学も両方とも、主観のなかで生みだされた主観的テクストであり、主観が織りなす網《あみ》の目のなかに存在するのである。

文学テクストと歴史テクストの両方がともに一つのディスコースを構築し、そのどちらか一方が優位の立場から絶対的真実を主張するわけではないという、新歴史主義の考え方が、私のアプローチの基盤となっている。フィクションが現実世界を鏡のように写しださないのと同様に、新聞記事も現実世界を鏡のように写しだしているわけではない。両者がともに一つの歴史を異なる方向から照射《しょうしゃ》しているのである。

一つの主観的立場からのコメントも、新聞記事のように客観的にみえるメディアと同列の価値をもっている。そのような考え方からすると、付録のインタビュー集の一つひとつのエピソードが歴史である。一つひとつが歴史的真実の表現なのである。

一章　「おふくろの味」創出をめぐる歴史的状況

〈一九五〇年代後半〜一九六〇年代前半〉

一九五〇年代後半の「おふくろの味」──〝母親の味〟食堂

読売新聞で「おふくろの味」という言葉が初めて見られるのは、一九五七（昭和三二）年八月一日である。紙面下に、春陽堂から出版された『おふくろの味』という本についての広告がある。「その文学のバックボーンとなった丹羽文雄氏の母　息子に酒をのむことを仕込んだ獅子文六氏の母　等すべて万人の胸ゆする最も鋭い人間記録としてお読み頂きたい！」という宣伝文句が書かれている。執筆者は、丹羽文雄《にわふみお》（一九〇四〈明治三七〉─二〇〇五〈平成十七〉年）と獅子文六《ししぶんろく》（一八九三〈明治二六〉─一九六九〈昭和四四〉年）に加えて、文藝春秋新社編集局長、週刊朝日編集長、東大名誉教授、自民党副総裁など。ただ、内容は母が作ってくれた料理の話ではなく、それぞれに母の思い出を語った随筆集であるので、本書の趣旨とは異なる。

検索結果で次にくるのは、同じ年の十月十九日、「わが子の結婚と未亡人　仕事から再婚の道　歓迎される〝母の味〟」という記事であるが、「おふくろの味」という言葉はでてこない。四十一歳の「未亡人」（「後妻《ごさい》」だそうだ）の身の上相談から始まる。長男が嫁をもらって商売をついでくれた。「〝お母さんは家にいていばっていてくれればいい〟というが、それでは生きがいが感じられない」という相談である。記者は次のように答えている。

最近は未亡人の組織が各地で活動していますが、食堂経営なども年配の夫人が特色を発揮できる職場のようです。(中略) 全国未亡人団体協議会の山高しげりさんは「(中略) 世間には〝母親の味〟を歓迎する場所は多い」と語り、そうした場所を知るためにも、ぜひ組織に入るようすすめています。

ここでいう〝母親の味〟とは、「母親が作る傾向がある、または作ることが期待される種類の料理」という意味である。そういう意味での「おふくろの味」を家で食べることができないので、人々はそういう料理を求めて店に行く、という文脈は、一九六〇年代後半から一九七〇年代にかけて現れるのだが、それを先取りしているという点において、興味深い。また「おふくろの味」を恋しがるだろう客を想定して食堂のメニューを考えているのだ。または、実際にそういう事例が見受けられたのであろう。

さらに、ここでいう〝母親の味〟とは、誰か特定の個人にとっての特定の味ではなく、「一般的に郷愁をそそるような味」という意味で使われている。一九八〇年代以降、「おふくろの味」の概念が広がりをみせはじめるとき、それは、郷土料理や日本の伝統的な和食を意味の範囲に取り込みながら、「個人の特定の思い出に結びつく母親の手料理」という意味から離れていく。先の時代に出現する、このような傾向を先取りしているという点においても、この記事は興味深い。

「おふくろの味」という言葉と概念は、その萌芽《ほうが》からしてすでに一般化していく契機をはらんでいたということだ。「個人の思い出としての母の手料理」という意味での「おふくろの味」は、次の節でみる最初の二つの記事に現れるのだが、この狭い意味での「おふくろの味」が多くの人々に共有されはじめたとたんに、自分という個人の領域を超えて広がりをみせるのである。別の観点からすると、広がりをみせる可能性をはらんでいるからこそ、言葉・概念として皆に共有されたともいえよう。

二　一九六三年「おふくろの味」初出——ヒジキの煮物とイカの塩辛

一九六三（昭和三八）年にある男性記者によって書かれた二つの記事が、「おふくろの味」という言葉が、「自分の母親が作ってくれたが、今はもう味わうことができない、だからこそなつかしく思い出す料理」という意味において使用された最初の例である。

一つ目の五月五日の「季節の手帳」というコラムは、ヒジキの効用の話から始まるが、後半部分で記者は「おふくろの味」を思い出す。

よく家人にヒジキを料理させるのだが、昔食べた味とは、ほど遠い気がする。腹にすえかねて、手当たりしだいに料理の本をあさったところ、家人の料理法のあやまちを発見した。私は、本に書いてあるとおりに、自分で料理して、つまみ食いしているうちに、おふくろの味を思い出した。うす暗いいろりばたで、ヒジキの味つけをしていたなき母のまるい背が、きのうのごとく目にうかんだ。

この記事には、「草川　俊」という署名がある。草川氏という人に関して、この記事から得られる情報は、母親がすでに逝去《せいきょ》したことと「家人」と同居していることである。「家人」とは「かじん」と読むほうの意味であろうから、同じ家に起居《ききょ》する人のことである。

次の記事（一九六三年十二月二十九日）も草川記者によるコラム「季節の手帳」である。「イカ」がテーマだ。この記事は冒頭から個人的なモードで始まる。

母が生きていたころは、暮れ近くになると、毎年きまって、手づくりのイカの塩辛を送ってくれたものである。私は正月の三日間、おふくろの味をかみしめながら、手酌でひとり酒を楽しむのが習慣だった。（中略）

母逝（ゆ）いて三年、おふくろの味から遠ざかっていた私は、この夏、帰郷したお

り、手づくりの塩辛をアニヨメに無心した。それがつい、十日ほど前に到着した。（中略）

アニヨメはいつか、料理の味つけが、私の母に似てきたといって笑っていたが、そのアニヨメも未亡人となり、近ごろ頭に白いものが目立ってきた。

「ヒジキ」の記事で、「家人」に言及していた記者であったが、この「イカ」の記事では、正月の三日間、「手酌でひとり酒を楽しむ」習慣があったという。すると、草川氏は独身なのか。「家人」とは、妻ではなく、手伝いの人、もしくは娘やその他の同居人かもしれない。草川氏が妻帯者《さいたいしゃ》なのか独身なのかは不明ではあるが、とにかく、草川氏のまわりには、「おふくろの味」を作ってくれる人がいなかった。

朝日新聞（データベース「朝日新聞クロスサーチ」）では、一九六六（昭和四一）年一月八日の「コブ巻の味　おふくろの味」という記事が初出《しょしゅつ》である。「毎年暮れになると、夫はおふくろの味を恋しがる。昔母が作ってくれたコブ巻の味が忘れられないらしく（後略）」という四十三歳の女性の投書である。男性が母の味を恋しがるという文脈のなかで「おふくろの味」という言葉が使われている。この点において、読売新聞の二つの記事と大きく変わるものではない。

朝日新聞掲載の記事は、一九六三年の読売新聞の二つの記事が、草川氏という特定の記者による特異な感慨を表現したものではなく、時代の流れであったということを証明するための一つの証拠となるであろう。

以下、この章では、様々な歴史的状況に目を向けて、一九六〇年代が「おふくろの味」創出の時代であったことにさらに説得力をもたせよう。

まず初めに、一九六〇年代が地方出身者の時代であったという事実に着目したい。地方出身者の食べ物の好みが関東圏出身の妻の好みと合わないという状況は十分考えられる。その状況を、小津安二郎《おづやすじろう》監督の映画『お茶漬の味』（一九五二〈昭和二七〉年）においてみてみよう。

『お茶漬の味』をさらなるヒントにして、読売新聞記者の草川氏が「おふくろの味」を偲《しの》んだ状況を想像する。そうすると、昭和の前半まではそれほど珍しくはなかった「女中さん」が炊事を担当していたことも一つの可能性として浮かびあがってくるであろう。他の可能性として、草川氏の妻が母親から料理を受け継ぐことができなかった、世代的な問題が存在していることもみえてくる。

草川氏という特定の人間の周辺を想像することによって、一九六〇年代の日本の歴史的状況を明らかにするつもりだ。一九六三年の読売新聞に「おふくろの味」が「なつかしむべき母の手料理」という意味で使われたのは偶然ではなかった。一九六三年という年に、ある男性が「おふくろの味」に郷愁を抱いたという事実は、草川氏という個人を超えた、日本の現代史における必然であった。「おふくろの味」という概念の創出《そうしゅつ》に向けて、様々な歴史的偶然が集結したともいえるのである。

三　一九六〇年代は地方出身者の時代――農村から都会へ移動する人口

経済学者の加瀬《かせ》和俊《かずとし》は『集団就職の時代――高度成長のにない手たち』において、精緻《せいち》なデータ分析を通して、一九五〇年代から一九七〇年代にかけて、人口が農村から都会へ大きく移動した事実を論証している。都市の産業が破壊し尽くされた戦後日本で、行き場を失っていた農家の二男三男は、産業が復興するにつれ、都会へ向けて旅立っていった。

男子の農業就業者数の変遷をみてみよう。一九五五年には十五～十九歳の男子のうち六四万二〇〇〇人が農業に従事していたが、一九六〇年の二十～二十四歳では四七万九〇〇〇人、一九六五年の二十五～二十九歳では三四万人しか農業従事者はいない。[21] 一九五五年から一九六五年の十年間で、三〇万人余りが他産業に移ったことになる。

女子の移動率に関して数字はあげないが、男子よりもかなり低い。その理由としては、家にとどまって農業の手伝いをし、そのうち結婚するというパターンが多かったからだと想像

図1-1 主要都府県別の人口変化率

1955年の10〜14歳と
1965年の20〜24歳の比較(註22)

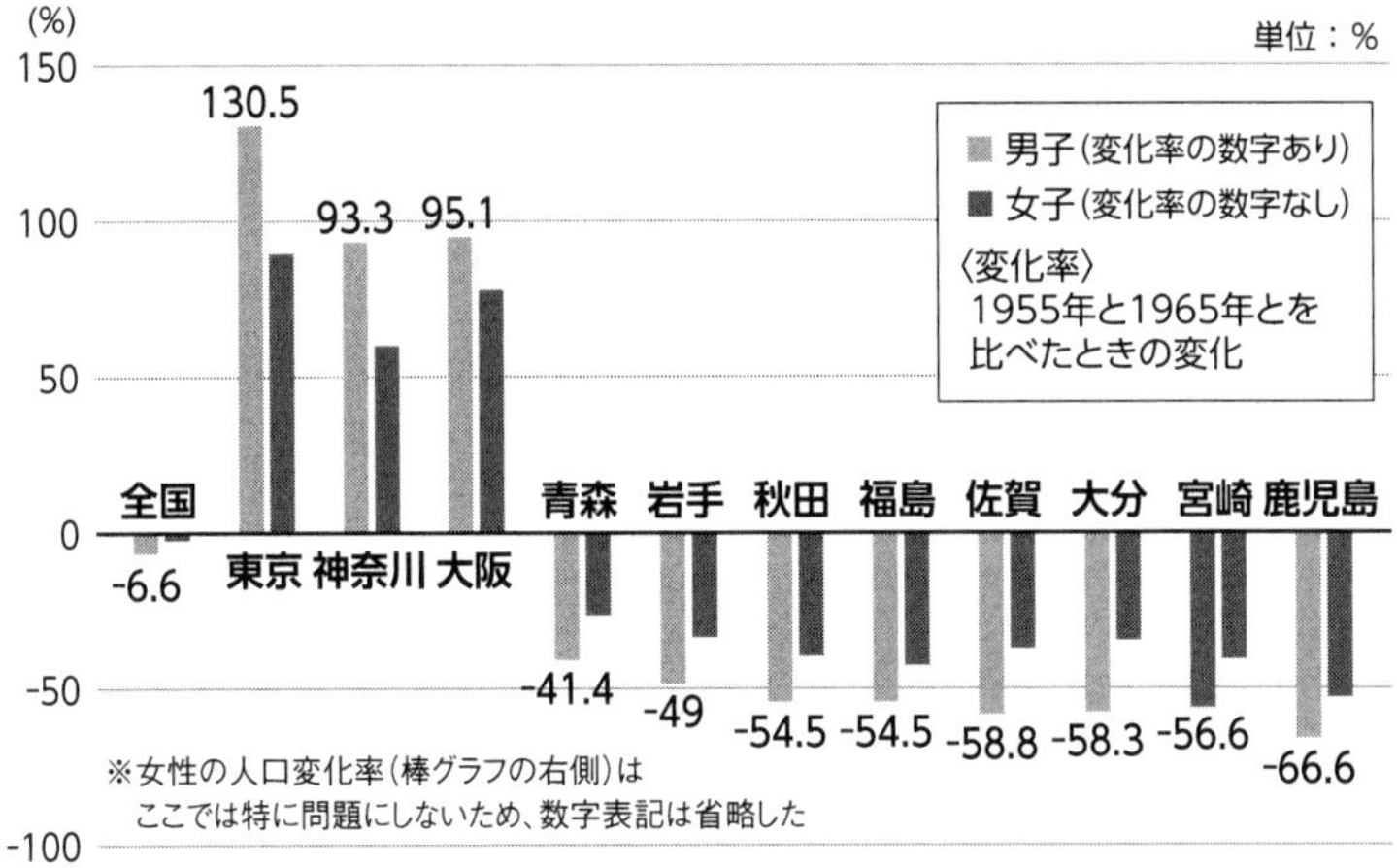

される。戦前まで、女子の職業としては女中と女工、戦後経済が復興するにつれて事務員や店員が人気であった。しかし、東京や大阪などの都会に出て働くことが、女子にとっては大きな決断を要する事柄であったことは想像にかたくない。

引き続き、加瀬の『集団就職の時代』からデータを借用させてもらう。一九五五年時点の十〜十四歳のコーホートが、十年後の一九六五年に二十〜二十四歳になったとき、主要都府県の人口変化率はどうだったか。加瀬の本のなかであげられている数字をグラフ化したものが「図1-1」である。

東京都の男子が一三〇・五%ということは、一九五五年時点の十〜十四歳の男子が、十年後に二十〜二十四歳になるころには二倍以上の数に膨《ふく》れ上がったということである。神奈川県と大阪府の増加率は東京都より多少小さいが、それでもほぼ二倍になっている。他方、マイナスになっているのは、東北と九州の各県である。東北と九州に居住《きょじゅう》していた十～十四歳の男子のうち四一・四～六六・六％が、十年以内に他県に転出したことになる。

一九六五年に東京都に住んでいた二十～二十四歳の男子は八七万八〇〇〇人いたが、一九五五年時点で十～十四歳の男子は三八万一〇〇〇人であった。[23] 単純計算すると、一九六五年の二十～二十四歳の男子のうち約四九万人が地方出身者ということになる。地方出身者に出会う確率のほうが大きかったのだ。

四　小津安二郎『お茶漬の味』――地方出身の夫と上流階級出の妻

映画『お茶漬の味』の夫・茂吉《もきち》（佐分利信《さぶりしん》）は長野県出身である。妻の妙子《たえこ》（木暮実千《こぐれみち》代《よ》）のもとには、「大磯《おおいそ》のお嬢様」と呼ばれる姪の節子《せつこ》（津島恵子《つしまけいこ》）がしばしば訪ねてくる。節子の見合い相手は、「（妙子の）お父様のスウェーデン時代の書記官」であるから、妙子の父親は外交官だったのだろう。結婚した今でも、父親から毎月援助があるらしい。茂吉が勤める会社の社長とも親しい間柄《あいだがら》のようだ。

これでは夫は妻に頭があがらない。妻は姪や女学校時代の友人たちと遊び歩き、夫のことを「鈍感《どんかん》さん」と呼んで、バカにしている。夫は妻にバカにされているとも知らず、あくまでも寛容《かんよう》だ。浮気もせず、大酒《おおざけ》を浴びることもせず、帰宅後は書斎で仕事をしている。寝室を別にする習慣と子どもがいないという事実が、二人の夫婦仲の悪さを象徴してはいるが、それが、大喧嘩・離婚・殺人などの大きな事件を引き起こさないだろうということは、小津の映画に多少なりとも親しんだ人なら予想できるであろう。人生における通過儀礼――親の死や娘の結婚など――を軸にして、水面《みなも》に細波《さざなみ》は立つが、再び静かで穏やかな日常に戻るのが小津映画の特徴である。そこには、たとえば、三島由紀夫《みしまゆきお》がえぐりだす「情念」や谷崎《たにざき》潤一郎《じゅんいちろう》(一八八六〈明治一九〉―一九六五〈昭和四〇〉年)を捕《とら》える「エロス」は存在しない。普通の人々が普通に生活するなかで起こる出来事と、そこにおける人情の機微《きび》が小津映画の真骨頂《しんこっちょう》である。

『お茶漬の味』に何か事件があるとすると、節子が見合いの場所から逃げ出し、偶然の出会いから、茂吉の戦死した友人の弟の岡田《おかだ》(鶴田浩二《つるたこうじ》)と親しくなっていくことが一つある。岡田はパチンコや競馬を趣味とする男で、庶民派の代表として登場する。茂吉は本来、岡田の側に属する人間であるが、妙子と結婚したことによって、ベクトルの逆の側に移動させられ、気詰《きづ》まりな生活を強《し》いられている。

茂吉はご飯に味噌汁《みそしる》やお茶をかけて食べるのが好きだ。ある晩それをやって、妙子の立腹《りっぷく》を招いた。「そんなご飯の食べ方よしてちょうだい」と居丈高《いたけだか》に言う妙子に対して、茂吉は「うっかりした。やめるよ」と素直に謝る。怒った妙子が自室に去ってしまったあと、茂吉は、たくあん[24]をボリボリかじり、味噌汁をかけたご飯をズルズル流しこむ。給仕する女中に対して、「君は埼玉だったね。君のところではこういうことやらないのか？」と聞く。女中は「やります」と、はにかみながら答える。この場面で茂吉が長野県出身だということが明らかになる。

　長野県は教育県である。東京の大学を出て、東京の会社に勤めたのだと思われる。彼の能力を高く評価した上役《うわやく》が妙子との結婚を勧《すす》めたのであろう。妻の父の引きがあるとはいえ、重役にまでなったのであるから、茂吉は努力家である。

　妙子が家出して須磨《すま》の友人のところで遊んでいる間に、茂吉のウルグアイ出張が決まり、彼は、妻の見送りなしに飛行機のタラップを昇った。これがこの作品のなかの最も大きな事件である。妙子は茂吉がいない家にふてくされたような顔をして帰ってくる。そこへ飛行機のエンジントラブルのために引き返してきた茂吉が突然夜中に帰宅する。夫婦は、普段出入りすることのない台所に二人で子どものように忍びこんで、夜食を作ろうとする。配膳《はいぜん》台の上には食パン一斤《きん》、冷蔵庫の中にはハムの塊《かたまり》もあったのだが、茂吉は頑《がん》として「お茶漬け」が食べたいと言う。妙子はぬか漬けの樽《たる》に手を突っ込み、慣れない手つきで夫のために漬物を切る。お茶漬けを食べながら、妙子が今までのことを謝る。茂吉は、「いいよ、わかってくれて、ありがたいよ。お茶漬けだ。お茶漬けの味なんだよ。夫婦はお茶漬けの味なんだよ」と満足気に言う。

茂吉と妙子は二人の味を見つけてハッピーエンドとなるが、件《くだん》の読売新聞の記者・草川氏はどうなったのであろうか。草川氏が地方出身であることは、容易に推測できる。ヒジキとイカの塩辛が「おふくろの味」ということは、海のある県であろう。漁業が盛んとなると、東北の太平洋側の県──福島県、宮城県、岩手県──が思い浮かぶ。東京の大学に入学するために上京し、卒業後、読売新聞に入社したということが想像される。上司の勧めで東京のお嬢様と結婚したかもしれない。「図1－1」のうち、岩手県の人口変化率において、女子で十代後半に他県に転出したのは三三・七%にすぎない（グラフでは数字を省略）。他方、男子のほうは四九%が転出している。岩手県の男性が東京で同郷の女性に出会う可能性はさほど大きくなかったのだ。

妙子がたくあんとお茶漬けを小ばかにしていたように、草川氏が結婚した東京の女性は東北の郷土料理を嫌ったのかもしれない。または、妙子のように、実家からの援助によって（または援助がなくても）「女中」を雇っていて、自らが炊事に携《たずさ》わることはなかったのかもしれない。

五　昭和の「女中」――『だいこんの花』と『寺内貫太郎一家』

　昭和のくらし博物館館長で民族学者の小泉和子《こいずみかずこ》は『女中がいた昭和』において、女中と女工の数の比較及び求人に対する女中の充足率という観点から、女性史研究家の奥田暁子《おくだあきこ》は「女中の歴史」において、女子有業者に対する女中の割合という観点から、大正から昭和にかけての女中史を論じているが、(25)家庭の側から――たとえば、ある年代において何パーセントの家庭が女中を雇っていたか――を分析する論考は、管見《かんけん》では見当たらなかった。

　各家庭が女中を雇っていた率は、数字では示すことはできないが、奥野健男《おくのたけお》（一九二六〈大正一五〉―一九九七〈平成九〉年）が『ねえやが消えて――演劇的家庭論』のなかで、「ばあや」「ねえや」「女中」と「日本の近代自我の確立とぬきさしならぬ関係」に着目しているのは慧眼《けいがん》である。奥野が論じているのは、家庭において「ねえや」たちが「他者の目として存在」したからこそ、「劇場的家庭」が作りあげられ、文学に「客観性」と「批判精神」が生じたということである。(26)

　現代文学に「ばあや」「ねえや」「女中」が登場することはかなり稀であるのに対して、(27)夏目漱石《なつめそうせき》（一八六七〈慶応三〉―一九一六〈大正五〉年）にとっての「清《きよ》」や太宰治《だざいおさむ》（一九〇九

〈明治四二〉―一九四八〈昭和二三〉年）にとっての「たけ」が、彼ら文学者たちにとって切《せっ》ない慕情《ぼじょう》の対象となり、彼女たちなしでは生きづらい子ども時代であっただろうことを想像すると、「女中」の存在が、ある時期までの日本においてはいかに重要だったかをあらためて思い知らされる。

現在の住所で渋谷区恵比寿《えびす》にあった奥野の家は、母の実家の山下《やました》家と庭続きだった。奥野は、両家を合わせて十数人もの「ねえや」がいたことを覚えているそうだ。(28)山下家のねえやはみな新潟県の同じ在《ざい》から来ていた。(29)「ねえや」や「女中」というと、現代では、「口減《くちべ》らし」されるほど貧しいか、手に職をもたないか、そんな女性のための職業かと思われがちであるが、奥野によると、彼女たちの生家《せいか》は必ずしも貧しいわけではなかった。

本当に貧しければ、女郎《じょろう》や娼婦《しょうふ》に売られたのだ。水上勉《みずかみつとむ》（一九一九〈大正八〉―二〇〇四〈平成一六〉年）の『飢餓海峡《きがかいきょう》』（一九六三年）は、終戦から間もない一九四七（昭和二二）年に貧しさゆえに犯された殺人とそれに関係した人々のその後を描いた作品であるが、殺人者を庇《かば》った八重《やえ》という女性は、父や弟たちを養うために娼婦に身を落としていた。または、紡績女工も貧しい女性たちの職業の一つであった。彼女たちは、映画『あゝ野麦《のむぎ》峠』(30)におけるように、劣悪《れつあく》な環境のなか労働に従事させられ、その結果結核《けっかく》を患《わずら》う場合も多々あった。「奉公」の古い例としては、三島由紀夫《みしまゆきお》の祖母・なつ（一八七六〈明治九〉―一九三九〈昭和一四〉年、夏、夏子、奈津とも表記する）がいる。彼女は、士族の家の出であるが、結婚するまでの数年間、有《あり》栖《す》川《がわ》宮《のみや》熾《たる》仁《ひと》親王の屋敷に行《ぎょう》儀《ぎ》見習いとして奉公した。一九一七（大正六）年の文献では、「昔の女中奉公は、将来主婦たるべき修業のためのもの」「礼儀作法や家事を習うためのもの」と書かれていた。(31) なつが有栖川家に奉公に出されたのは、家族が彼女の神経症に手を焼いたためともされるが、彼女にとってはむしろ名誉なことであり、華族の家で思春期の何年かを過ごしたことは彼女の価値観の形成に大きな役割を果たした。

花嫁修業の一環として「行儀見習い」をすることは、かつては「女中奉公」の主な目的であった。女中の生家は「娘を都会の女中奉公に出すのに羞しくない着物をつくったり、身支度をさせるのに大変だった」という。(32)

テレビドラマ『だいこんの花』（一九七〇―一九七七年、現テレビ朝日系列）の永山《ながやま》家には、行儀見習いのために「お手伝いさん」が住み込んでいた。永山忠臣《ただおみ》（森繁久彌《もりしげひさや》）は元海軍大《たい》佐《さ》だが今は隠居しており、その息子の誠《まこと》（竹脇無我《たけわきむが》）はサラリーマンである。とりたてて裕福とはいえない家庭だ。お手伝いさんのトミ子（川口晶《かわぐちあきら》）が奉公に出たのは、あくまでも「行儀見習い」のためであるという言及が、永山家出入りの御用聞《ごようき》きによってなされる。一九七〇年代にあってもいまだ「行儀見習い」のための女中奉公という考え方が生きていたのである。

テレビドラマ『寺内貫太郎一家《てらうちかんたろう》』（一九七四年、TBS系列）は、寺内石材店《せきざい》を営む頑固《がんこ》な職人・寺内貫太郎（小林亜星《こばやしあせい》）の家庭内で起こるいざこざやごたごた、下町（東京・谷中《やなか》）の人々との心温まる交流をコミカルに描いた人気ドラマであった。そのなかで、お手伝いさんのミヨちゃん（浅田美代子《あさだみよこ》）は、寺内家でも近所でも大の人気者であり、作品全体に明るさと優しさをもたらす存在だ。ミヨちゃんは新潟県の出身である。家計の逼迫《ひっぱく》によって高校を中退し、東京に出てきた。

ちなみに、奥野の家のねえやたちも、ミヨちゃんも、新潟県出身であるのは偶然ではない。一九三六（昭和一一）年の東京市における女中の出生地《しゅっせいち》別就職数では、千葉、東京、茨城、埼玉という関東圏に次いで、新潟県出身の女中の数が多い。雪国ならではの忍耐強さとともに、大地主が多い新潟では小作人も多く、その娘たちの働き場所が必要だったという事情もある。(33)

一九三〇（昭和五）年に約七〇万人、一九四〇（昭和一五）年に六六万八〇〇〇人いた(34)家庭女中は、一九五五（昭和三〇）年の国勢調査では、三〇万人まで減少していた。しかしなお、紡績工、事務員、販売員と並んで女中は女性の四大職業の一つであった。(35)「女中」が家事全般に従事し、妻がその采配《さいはい》をするという体制は、決してはるか昔の物語ではないのだ。

一九六〇年代以降、「女中」は急速に日本から姿を消していく。女性にとっての職業選択の幅が広がったことによって、求人者数と求職者数との間に大きな開きがでてきた。当時の労働省が女中払底《ふってい》の対応策として一九五六（昭和三一）年に新宿に開いた「家事サービス公共職業補導所」は、結果的に、住み込みの女中から通いの家事ヘルパーへの変換をもたらした。[36] さらに、家庭の側が女中を必要としなくなる状況も生じる。七節「急速に変化する戦後日本——続々と開発されるインスタント食品」で述べるように、冷蔵庫・洗濯機などの電気機器、ステンレス流し台、インスタント食品などが普及したことによって、「主婦」が一人で家庭内の家事を行うことが可能になったのである。

しかし、一九七〇年代のテレビドラマに「女中」が登場するのをみると、読売新聞記者の草川氏の家庭に一九六三年の時点で「女中」がいた可能性を考えるのは、決して時代錯誤的ではないということがわかるであろう。記事のなかで「家人」と呼ばれている人が「女中」だとすると、その女中には草川氏の「おふくろの味」を再現することはできなかったのだ。

六　母と娘の間で受け継がれなかった料理術1——阿古真理『うちのご飯の60年』

草川氏を奥野健男と同い年、一九二六（大正一五）年生まれ、記事を書いた一九六三年の時点で三十七歳と仮定しよう。一九五八（昭和三三）年のある本に紹介されていたデータでは、七七組の夫婦の平均結婚年齢は、男三十歳、女二十五歳であった。[37] 夫と妻は五歳違いが一番多かったということなので、草川氏の妻を草川氏よりも五歳下だとする。そうすると、草川夫人は一九三一（昭和六）年生まれ、一九六三年の時点では三十二歳となる。「イカの塩辛」の記事によると、兄が亡くなって義理の姉が「未亡人」になったということなので、草川氏もその妻ももう少し年上の可能性はある。以下で論ずる際は五〜十歳くらいの幅をもたせて考えよう。

もちろん、草川夫妻が一九六三年時点でともに五十歳くらいであることもありうる。そうなると、二人は一九一三（大正二）年生まれとなり、草川夫人の母は一八九〇（明治二三）年くらいの生まれとなる。この場合、草川氏が自宅で「おふくろの味」を堪能《たんのう》できなかった理由は、妻の料理下手、または料理を女中に任せる習慣、または妻の早世《そうせい》となろう。

私はこの章において、ミステリー小説方式で、一九六〇年代に「おふくろの味」が生じたことの必然性を探っているが、これは本物のミステリー小説ではない。あくまでも草川氏はこの時代に「おふくろの味」に郷愁を感じた中年男性の代表であるから、このように想定することに意味はないのである。ここでは、母と娘の間に料理技術が受け継がれなかったことを論証するのが目的であるので、引き続き草川夫人を一九六三年時点で三十二歳、またはそれよりも多少年上として話を進めよう。

草川夫人の母が草川夫人を出産したのを二十八歳のときと仮定すると、草川夫人の母は一九〇三（明治三六）年生まれになる。草川氏及び夫人が想定よりも八歳上だとすると、二十歳のときに草川夫人を生んだとしてもよい。そうなると、草川夫人は一九二三年生まれとなる。

草川夫人の母が一九〇三年生まれだとすると、ノンフィクションライター・生活史研究家の阿古真理《あこまり》の『うちのご飯の60年——祖母・母・娘の食卓』のなかに登場する、祖父母・両親・母の姉たち（阿古の叔母たち）のうち、阿古の祖母の年齢と同じになる。ここでは、阿古が自分自身の家族の食卓を軸として紐解《ひもと》く日本の戦後社会の食の歴史を参考にしながら、草川氏が「おふくろの味」を恋しがった背景に、草川夫人が母親から料理を習うことができなかった、昭和前半特有の状況を解明したいのである。

阿古の母親の秀子さんは一九三九（昭和一四）年生まれである。秀子さんには四人の姉がいた。生まれ年は、上から順に、一九二七（昭和二）年、一九二九（昭和四）年、一九三一（昭和六）年、一九三三（昭和八）年である。秀子さんに様々なおやつを作ってくれたのは、母ではなく、姉たちだった。ようかん、きんつば、どら焼き、桜餅、フルーツポンチ、ドーナツ。[38]ハヤシライス、チャーハン、カレーライス、コロッケなどの洋食料理を作ってくれたのも姉たちだった。秀子さんの友だちが遊びにきたとき、姉が「ケチャップでピンク色に染めたチャーハン」を作って出したところ、その友達は「目を丸くして」驚いていたという。[39]

田舎（広島県山県郡《やまがた》）では珍しかったのだ。秀子さんの姉たちのように、学校や雑誌、さらには、昭和三〇年代に各地を回っていた「キッチンカー」(40)から新しい食文化を学んだ、また、学ぶことに意欲的だった人が家庭にいなければ、ケチャップ味のチャーハンがこの時代の田舎の食卓にのぼることはなかったのであろう。

七　急速に変化する戦後日本――続々と開発されるインスタント食品

草川夫人は阿古の叔母たちの年代である。草川夫人、または、一九三一年生まれの阿古の三番目の叔母が終戦を迎えるのは、十四歳のときである。二十五歳のとき、すなわち、一九五六（昭和三一）年には、その年の『経済白書』で「もはや戦後ではない」という宣言がなされる。その後、日本社会がどのように変化していったか、食の面から簡単にまとめたのが、「表1－1」（次ページ）である。

冷凍のエビピラフまでくると、今の私たちの生活と何ら変わらない。私も日ごろ愛用している「松茸《まつたけ》のお吸いもの」が早くも一九六四年に発売されていたのは驚きだ。

一九五〇年代半ばから一九七〇年代初頭までの一五年余りで日本の食生活はものすごいスピードで進化していったのだ。これ以降は、「表1－1」であげたものの改良や種類の広がりが生ずるだけであって、本質的な部分ではこの年代で日本の食の近代化は完了したといっ

表1-1 1950年代後半〜1970年代初頭における食をめぐる変化 (註41)

年	食をめぐる変化
1957(昭和32)年	森永製菓「ホットケーキの素」、大阪にスーパー・ダイエー1号店
1958(昭和33)年	日清食品「チキンラーメン」、博多にUCCコーヒーショップ1号店
1960(昭和35)年	森永製菓「インスタントコーヒー」、クリナップ「ステンレス流し台」
1961(昭和36)年	マルキチ味噌「即席みそ汁」、東芝「電子レンジ」
1962(昭和37)年	東海漬物「きゅうりのキューちゃん」、マルシンフーズ「マルシンハンバーグ」
1963(昭和38)年	日清食品「日清焼きそば」、ハウス食品工業「バーモントカレー」
1964(昭和39)年	シマヤ「だしの素」、永谷園本舗《ながたにえんほんぽ》「松茸のお吸いもの」、カルビー製菓「かっぱえびせん」、味の素「クノールスープ」
1965(昭和40)年	冷蔵庫の普及率50%になる
1967(昭和42)年	2ドア式冷蔵庫
1968(昭和43)年	大塚食品工業「ボンカレー」「ボンシチュー」(レトルト)、牛丼の吉野家がチェーン展開を始める
1969(昭和44)年	上島珈琲世界初の缶コーヒー、にんべん「かつおぶしの削りぶしフレッシュパック」
1970(昭和45)年	名古屋にケンタッキーフライドチキン、府中にすかいらーく(国立《くにたち》店)、銀座にダンキンドーナツ、永谷園本舗「さけ茶づけ」
1971(昭和46)年	大阪にミスター・ドーナツ、銀座にマクドナルド、日清食品「カップヌードル」、丸美屋《まるみや》食品工業「麻婆豆腐《マーボーどうふ》の素」
1972(昭和47)年	味の素「味の素KKのギョーザ」などの冷凍食品
1973(昭和48)年	味の素KKの冷凍食品「エビピラフ」「チキンピラフ」

※特に述べない限りは、「発売」または「開店」を省略

ても過言ではない。

一九五〇年代に「三種の神器《じんぎ》」と称された冷蔵庫、白黒テレビ、洗濯機[42]のうち、冷蔵庫は、一九六五年には全家庭の五〇%が所有していた。[43]一九五五（昭和三〇）年に発売された自動式電気釜は、かつては薪《まき》を燃やし竈《かまど》で炊いていたご飯炊きの作業を比較にならないほど簡便なものとした。私は一九六一（昭和三六）年生まれであるが、ごく幼い頃は祖母と母が竈に薪をくべながらご飯を炊いていた場面を記憶している。

一九〇三（明治三六）年生まれの阿古の祖母は、「ホットケーキの素」が発売された一九五七年には五十四歳、「ボンカレー」が発売された一九六八年には六十五歳であった。十代までを明治と大正に生き、二十代から四十代を昭和の戦前・戦中・戦後の復興期に生きた彼女は、高度経済成長期にはすでに五十代に突入していた。若いころは、インスタント食品も電気製品も使わずに台所仕事を行ってきたこの祖母のような女性たちと、高度経済成長期に青春を過ごした女性たちとは、異なる世界に生きていた。明治生まれの母親たちは、高度経済成長期を生きる娘たちに教えるべき料理術をもっていなかった。阿古の叔母たちは自分たち自身でドーナツやケチャップ・チャーハンの作り方を学び、妹（阿古の母）に作ってあげたのだ。

八　母と娘の間で受け継がれなかった料理術2――湯澤規子『7袋のポテトチップス』

湯澤規子《ゆざわのりこ》の『7袋のポテトチップス――食べるを語る、胃袋の戦後史』は、日本が、近世、近代、現代と進むなかで、「共在感」が失われ、日本人の胃袋が「共在感」を失っていることを、(44)未来へのメッセージを込めながら論じた好著《こうちょ》である。湯澤はその本のなかに、一九二八（昭和三）年生まれの祖母、一九四八（昭和二三）年生まれの母を登場させている。湯澤の母は一九七二（昭和四七）年に結婚したが、「料理がうまくできないという問題に直面した」そうだ。これは、「個人的な事情」ではなく「この世代特有」の事情であった。

一つ目は、結婚前に祖母から料理を教わることがなかったということである。祖母の世代にとって、戦前の「土間・台所」仕事を、戦後の「キッチン」仕事として修正しながら教えることは容易なことではなかった。（中略）グラタンもシチューも、祖母はそうした洋食の作り方を娘に教えることができなかったし、電子レンジや冷凍庫の使い方も母と同様、初心者であった。(45)

阿古の母（と叔母）と祖母の間の世代間ギャップは、湯澤の母と祖母との間の世代間ギャップでもあった。ドーナツを作った阿古の叔母は一九三三年生まれ、グラタンやシチューの作り方を知らなかった湯澤の祖母は一九二八年生まれである。五歳違いであるが、先端的料理のとり入れ方が異なっている。阿古の叔母たちに進取《しんしゅ》の気性《きしょう》があったのか。阿古家は広島県山県郡筒賀《つつが》村（現・安芸太田《あきおおた》町）にあったが、広島市とのつながりが緊密で、都会の流行をとり入れることに敏《びん》であったのか。他方、湯澤家は兵庫県淡路《あわじ》島にあった。それぞれの土地柄によって新しいものに対する反応が異なったのか。

ちなみに、本書の冒頭で紹介した「私のおふくろの味」――クリームシチュー――を作ってくれた私の母は、一九二六（大正一五）年生まれなので、湯澤の祖母と同年代である。母が私にシチューを作ってくれたのは、私の中学・高校時代であったから、母は四十七〜五十三歳であったわけだ。母は、戦争の被害をそれほど受けなかった北海道で生まれ育ったので、食糧事情も食生活も本州よりかなり良かったと思われる。北海道は本州の伝統的な村に存した因習《いんしゅう》から自由な土地であり、洋風な生活様式にオープンな土地柄である。

いずれにせよ、一九〇〇年代初頭から一九四〇年代後半にかけて生まれた世代において、祖母と母、母と娘、もしくは祖母・母・娘の三世代はまったく異なる台所事情のなかで過ごしたわけであるから、料理を受け継ぐことは難しかったのである。世代間ギャップがどの世代とどの世代との間で生ずるかは、その土地の開放性や個人の外向性によって異なるであろう。少なくとも言えることは、戦後生まれの人々は、どの世代に属そうとも、料理のメニューや料理の仕方において世代間で決定的に異なることはないということだ。現代において、最も世代間ギャップを感ずるのは、スマホの使い方であろう。スマホに出合ったのが、若いころか年をとってからかによって習熟度が異なるのは、料理と同様である。

二章　「おふくろの味」創出の時代

〈一九六〇年代後半〜一九七〇年代〉

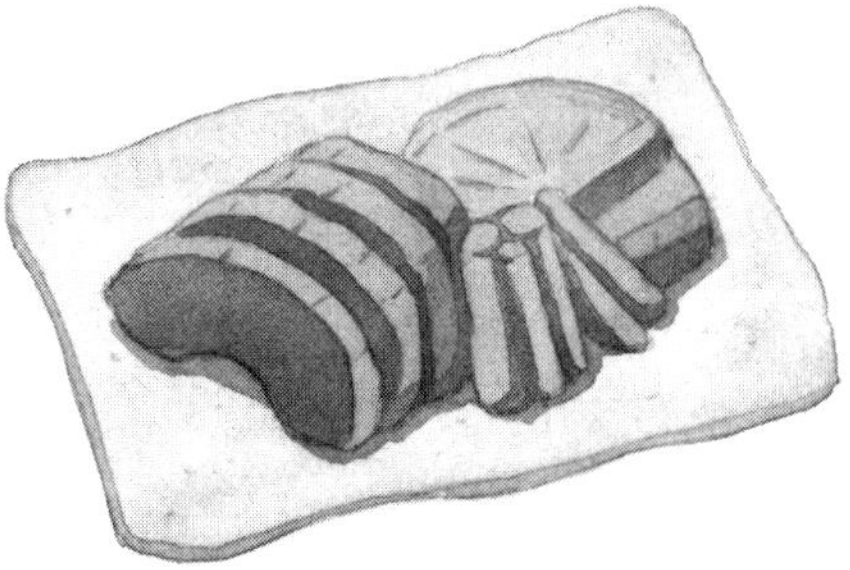

一　「家庭料理不在」と中年男性の嘆き――食卓の「子ども中心主義」と「核家族化」

一章では、「おふくろの味」が「母が作ったなつかしい料理の味」という意味において初めて使われたのが一九六三年であったことを、読売新聞の記事においてみた。そして「おふくろの味」の出現がその時代であったことの必然性を証明するために、様々な歴史的状況を考察した。

一章に引き続いてこの二章においては、一九六〇年代後半から一九七〇年代の読売新聞の「おふくろの味」検索結果をみていく。時代性や新しい観点を表現した代表的な記事を抽出《ちゅうしゅつ》しながらみていこう。

一九六三年のあと三年間ほど「おふくろの味」関係の記事はない。検索結果で次にくるのは、一九六六（昭和四一）年九月二十八日の記事「〝おふくろの味〟ヤーイ　「家庭料理不在」ということ　極端な子ども中心」である。この記事の冒頭は次のようである。

「おふくろの味」を売り物にする店が出はじめている。これはどういうことだろうか。何か、家庭料理の中から、亭主族の好みがしだいに消えているというか、献立の主導権が、別のものに移りつつあることではないか――。家の中で、すでに食事に対する発言権を失った夫たちが、家庭の味を町に求めるというのは、奥さまがたより、小料理屋さんの方が、夫の気持ちを敏感にかぎわけているということにでもなろうか。

記事のなかでは、商事会社勤務のMさん（三十九歳）が、後輩を連れて小料理屋で一杯やるときのセリフも引用されている。「おひたしとか、ゴマあえなんざいいねえ。ここんちはね、ヒジキから切り干しの煮たのまであるんだぜ」。

中年男性が失われた「おふくろの味」に郷愁を感ずるという文脈は、一九六三年の初出《しょしゅつ》記事と同様であるが、ここでは、男性の立場から、料理における子ども中心主義と夫の好みの軽視という具体的な状況があげられている。この記事は続けて、「家族形態が、大家族から核家族になって、わが家の料理が伝承されなくなったのも一因かもしれない」と家族形態の変化にも理由があると指摘している。

一章では、読売新聞の一九六三年の二つの記事の執筆者・草川氏が、「おふくろの味」――「ヒジキの煮物」と「イカの塩辛」――を食すことができなかった理由を三つあげた。第一の理由は、草川氏が地方出身で妻が関東圏出身の場合、妻は草川氏の出身地の料理を作らなかったのだろう、ということであった。第二の理由として、一九六〇年代という年代を考えると、「女中さん」が炊事を担当していた可能性も視野に入れた。第三の理由としては、草川夫妻の年齢を想像してみたとき、明治生まれの草川夫人の母親は、高度経済成長期に主婦となった娘に教えるべき料理術をもたなかったということであった。

一九六六年の先の記事において新たに提案された二つの視点――食卓の子ども中心主義と核家族化――について考えてみよう。都市に人口が流入したのは、一章三節「一九六〇年代は地方出身者の時代――農村から都会へ移動する人口」でも論じたように、一九五〇年代から一九六〇年代ではあったが、日本の近代にはその前に「地方出身者の時代」がもう一つあった。第一次世界大戦後である。資本主義が発達したことで多くの人口が農村から都市へと移動し、俸給《ほうきゆう》生活者となったのであった。「俸給生活者」とは、「資本家と賃労働者の中間の位置に新しく生まれた階層」という意味で「新中間層」とも呼ばれた[46]。「東京市での全就業者に占める新中間層の比率は、明治四一（一九〇八）年が五・六％に対し、大正九年は二一・四％」にまで増加したそうだ[47]。

第一次世界大戦後と一九五〇年代から一九六〇年代――この二つの時代において急増した「俸給生活者」の家庭において、父親は不在である。妻が家政と子育てのすべてを担い、家庭の主人となる。女性の高学歴化が進み、女性はその教養を活かして子育てに励むことになる。子育ては女性の仕事という、日本の歴史上それほど長くない性別役割分担は非歴史化されて本質化され、女性のアイデンティティは子育ての成功・不成功に拠《よ》ることになってしまった。「日本社会においては、子供の失敗は母親の失敗、子供の成功は母親の成功とみなされる傾向があるので油断大敵(48)」という状況が出現するのである。

それゆえ、食卓は子ども中心となる。一章で指摘した歴史的状況に加えて、食卓における子ども中心主義も、一九六〇年代に「おふくろの味」を創出させた、一つの大きな要因となろう。

先の記事が指摘する「おふくろの味」喪失の二つ目の理由――核家族化――は、近代家族の形成に伴う大きな特徴であると論じられがちであるが、社会学者でフェミニズム論者の上《うえ》野千鶴子《のちづこ》がいうように、核家族世帯は、近代・前近代を問わず、「どの社会でも優位にある」という、意外な事実に目を向けなければならない。上野が国勢調査からとったデータは次のような結果を提示する。核家族世帯は、一九二〇（大正九）年にはすでに全世帯の五四・〇％であった。一九七五（昭和五〇）年には六四・〇％に増加するが、その増加率はわずか一〇％であった(49)。

核家族においては妻が母または義母から料理を教わる機会は多くはない。確かに、そのことが家の味の継承を危うくする原因とはなり、その結果、「おふくろの味」をなつかしむ心情が生まれたであろう。

しかし、それは最近始まった新しい現象ではない。すでに大正時代に半数以上の世帯が核家族であったのである。むしろ、一章六節「母と娘の間で受け継がれなかった料理術1――阿古真理『うちのご飯の60年』」と八節「母と娘の間で受け継がれなかった料理術2――湯澤規子『7袋のポテトチップス』」で論じたように、戦後の急速な食生活の変化という状況のなかで、大きな世代間ギャップが生じたという時代の特異性のほうが、「おふくろの味」に対する郷愁を生む、より大きな理由であろう。

二　「母の手料理」と子どものストレスと非行の関係――「愛情イデオロギー」と「専業主婦」

㈠　伝統の味

一九六七（昭和四二）年十月二十五日の記事「わが家の新栄養百科　ストレスに強くなるには、「〝おふくろの味〟ということが、近ごろよくいわれる」とある。いつの間にか「おふくろの味」という言葉が人々の口の端《は》にのぼるようになっていたのだ。

この記事は「ストレス」がテーマである。「おふくろの味」は、「イライラした子どもの気分をやわらげ、受験戦争というストレスに打ち勝つ力になる」と記者は論ずる。さらに、子どものころ母親が作ってくれた、ご飯の間と一番上にノリを敷いた「ノリ弁」がなつかしいという。「そこに母親の心を感ずることができた」そうだ。最後に、ノリ料理のアイデア・コンクールで男性が優勝したという報告がなされる。記事の結びとして、「〝伝統の味〟を生かすことは、一つの創造ともいえる。おかあさんの奮起？が望まれる」とある。

十月二十七日は「わが家の新栄養百科　ストレスに強くなる（三）　おふくろの手塩」である。「子どもたちの非行が、近ごろ目立っている」という。ある大学教授があげる理由は、「家庭の食習慣の中に〝おふくろの味〞が見失われているためだ」である。「味は心の表現」であり、材料を選んで、料理し、盛りつける、その過程に「母親の心が生きている」という。

この二つの記事には、今の視点からすると驚くべき男尊女卑《だんそんじょひ》の思想が、何の躊躇《ちゅうちょ》もなく表明されている。

山尾美香《やまおみか》は、料理本のディスコースの分析結果から、昭和三〇年代に「「家庭料理＝愛」という愛情イデオロギーが復活した[50]」ことを指摘するが、山尾が例として引用するディスコースには次のようなものがある。

> 既製品を袋からしぼり出しての夕食は、主婦のつとめを怠った恥ずかしい行為で、袋の中にはあなたの味も心も入っていません。ましてや、あなたの愛情が一家の方々に通じる道理はありません。[51]
>
> （辻嘉一《つじかいち》「料理作りの心」『きょうの料理』昭和四二年六月・七月号、傍点は山尾）

ここには、主婦と愛情と料理――この三つが絡まりあいながら一つのイデオロギーをつくっていくプロセスをみることができる。山尾は「愛情イデオロギー」が「家庭婦人」の平日の平均家事時間にも反映されていることにも着目する。それは、一九六〇（昭和三五）年の七時間一二分から一九六五（昭和四〇）年の六時間五九分にいったん減少するのだが、一九七〇（昭和四五）年には、史上最長の七時間五七分に増加する。[52]

山尾がいう「家庭婦人」とは何だろうと思い、元の資料にあたってみた。『国民生活時間調査　昭和四五年度』は、様々な観点から生活時間を調査しているが、そのうちの「時間量別集計結果表」の「職業別」は次のような区分けになっている。農林水産業、商工自営、技能職・作業職、事務・技術職、販売・サービス業、経営・管理・専門職、有職者、家庭婦人。すなわち、「家庭婦人」とは、職業をもっていない女性ということである。その女性たちの平日の平均家事時間が昭和四五年度には七時間五七分だった。ちなみに、土曜日は七時間三八分、日曜日は六時間二六分である。「有職者」の平日の平均家事時間が一時間三一分であることを考えると、「家庭婦人」の家事時間は当然のことながらかなり長い。

「家庭婦人」というカテゴリー分けには多少疑問が残るが、ここで重要なのは、専業主婦と有職婦人の区別ではなく、一九七〇年に女性の家事時間が増えたこと、その理由は「愛情を込めて」料理を作っていただろうということ――これらを考察することが目的であるので、

図2-1 女性の家事時間の推移（註53）

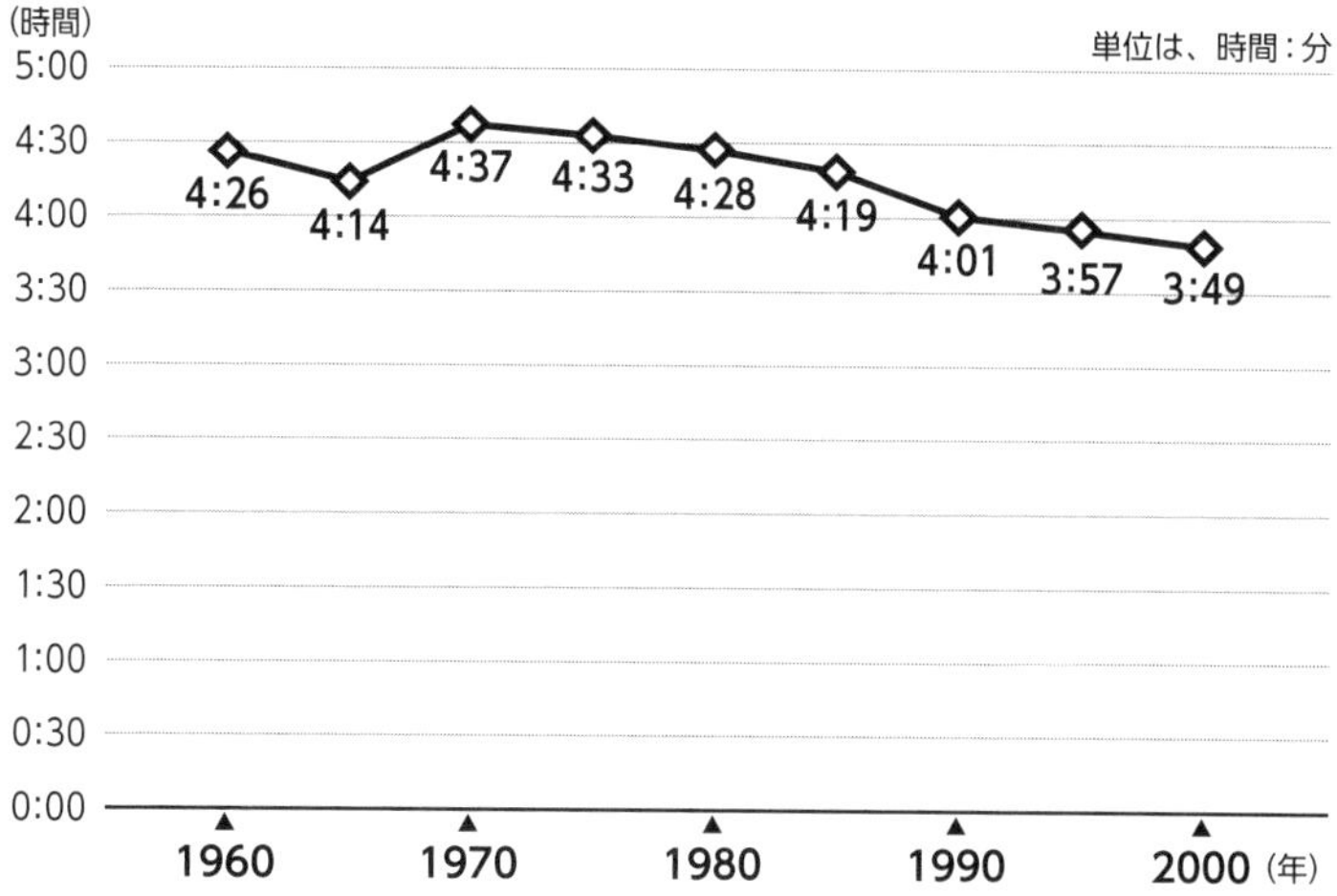

もう一つの資料に目を移そう。

『日本人の生活時間・2000　NHK国民生活時間調査』では、一九六〇年から五年刻みで二〇〇〇年まで、女性の平日の家事時間と男性の日曜日の家事時間を比較したグラフがある。男性の場合、日曜日をピックアップしているのは、男性が最も長く家事に従事する曜日であるからだ。

ここでは女性の有職・無職の区別はない。「図2－1　女性の家事時間の推移」として、女性の分だけを新しいグラフにした。

一九七〇年の女性の家事時間は四時間三七分である。これは、『国民生活時間調査　昭和四五年度』における、「有職者」の平日の平均家事時間と「家庭婦人」の平日の平均家事時間を足して二で割った数字（四時間四四分）と近似するが、「女性有職者」というカテゴリーはないので、有職・無職の女性両方を合わせた女性たちの平均家事時間の数字とはならない。

「家事時間」に関しての議論が長くなったが、本節の論旨において重要なことは、一九六五年から一九七〇年の間に女性の家事時間が長くなったことである（実は、男性の日曜日の家事時間も、四一分から五五分に伸びる）[54]。

家庭婦人の平均家事時間が減少する一九六五年は、一九五〇年代に「三種の神器《じんぎ》」と呼ばれた家電製品——白黒テレビ、冷蔵庫、洗濯機——のうち、冷蔵庫の普及率が五〇％になった年でもある[55]。しかし、家電によって減少した家事時間は、一九七〇年に再び増加する。これはどういうことだろうか。そこには、読売新聞の二つの記事にもみられるように、母親の愛情がたっぷり詰まった料理が子どものストレスを緩和し、非行に走るのを抑制するという考え方が社会で流布《るふ》していった状況があるのだ。

家事時間の増加はまた、「専業主婦数」の増加とも照応する。「図２－２」に示してあるように、男女問わず働かなければならなかった戦後の復興期を過ぎると、専業主婦の数は一九八〇（昭和五五）年のピークに向けて増加し続けるのである。

無業で家事に専念する主婦に対する期待が大きくなり、主婦たちにとっては、家電の利便《りべん》性を享受しながらも、かえって家事労働に勤《いそ》しまなければならないという矛盾が生じたので

図2-2 専業主婦数の推移(註56)

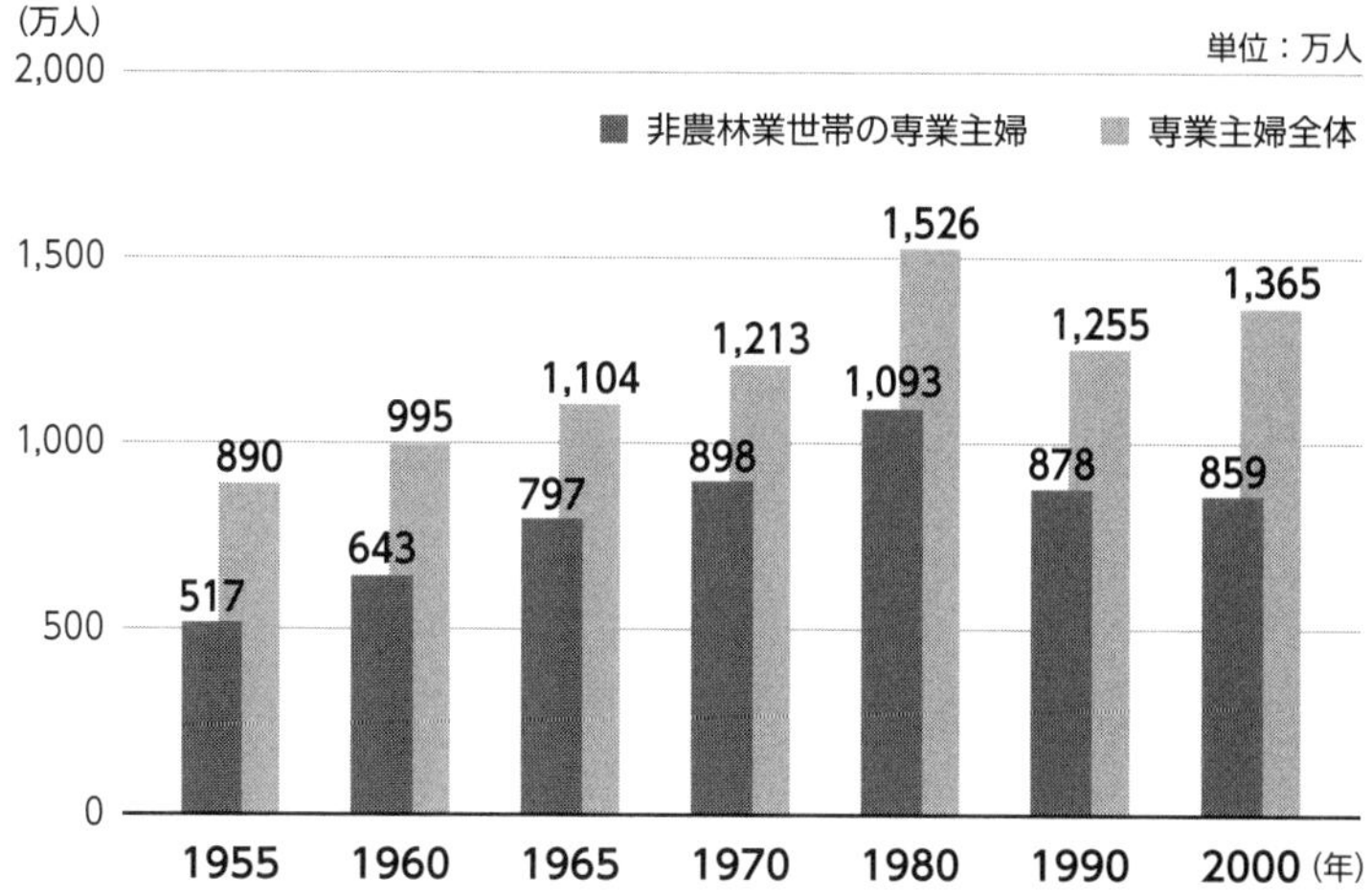

ある。

歴史社会学者の落合恵美子《おちあいえみこ》によると、一九九〇（平成二）年時点での「六〇歳代、五〇歳代、四〇歳代ではこの順に若くなるにしたがって、結婚・育児期に家庭に入った人の割合が大きくなっていく」[57]。一九九〇年時点で六十歳の女性は一九五五（昭和三〇）年に、四十歳の女性は一九七五（昭和年五〇）年に、それぞれ二十五歳のときに結婚したと仮定すると、一九七五年に結婚した世代のほうが、結婚を機に家庭に入った確率が高くなるわけだ。

落合による先の言及は、「性役割の五五年体制」、すなわち、一九五五（昭和三〇）年ころ、「主婦」のイメージが定着したことを論ずるなかでなされているものだ。幸せな

「主婦」イメージの定着と同時に、女性は、「主婦」とその予備軍としてのBG（ビジネス・ガール）に二分され、職業婦人のイメージは周辺に追いやられていく。[58]

別の観点からいえば、日本社会における価値観の変遷が奥深い部分で胎動《たいどう》していたともいえるであろう。戦後日本においては、戦前・戦中の軍国主義に対する反省と、弾圧のなかでも信念を屈しなかった共産主義者たちへの尊敬のなかから、戦後文学の原動力としてプロレタリア文学が再生されたが、その運動が大きな花を咲かせることはなかった。[59]

文学におけるこのような流れと同様に、戦後の日本社会が辿った道は、体制への反抗から保守主義へ至る道であった。女性たちは、仕事を通じてではなく、「良妻賢母《りょうさいけんぼ》」であることを通じて自らのアイデンティティを形成する道を選んでいったのだ。この傾向はもちろん、一九八〇年代くらいまでのことであり、現在の女性たちは大いに異なる価値観のもとにあると思われるが。

三章でも言及する、柴田翔《しばたしょう》の『されど　われらが日々――』（一九六四〈昭和三九〉年）において、一九五五年に日本共産党が第六回全国協議会（六全協）において武装闘争の放棄を宣言したことによって、自我が崩壊するのを感じ絶望に瀕《ひん》した節子《せつこ》のような女性は、戦後の好景気のなかで時代錯誤となっていったのである。

戦後二〇年余りを経て日本社会に顕著《けんちょ》に保守的な傾向が現れた現象に関して、再び、先に引用した落合恵美子を参照しよう。落合はその論考において、戦後四十五年間の女性雑誌のなかの女性の「ビジュアル・イメージ」を分析しているのだが、一九七五（昭和五〇）年に創刊された女性雑誌『ＪＪ』（光文社）は、「母親譲りの作法を身につけた「お嬢様」の演出[60]」を主たる価値観として提示していたという。経済的繁栄の最中《さなか》にあった日本が、保守的な時代に突入したことを示す、一つの表れといえるだろう。

この節では、読売新聞所載《しょさい》の一九六七年十月の二つの記事において、母親がその愛情を料理に注ぎこむべきだという考え方が如実《にょじつ》に現れたことと、「おふくろの味」が日本語と日本文化のなかでイデオロギーとしての役割を着実に担いつつあることを考察した。次節以降の記事をみると、これがもはや押しとどめることは不可能な流れとなっていくことが了解されるであろう。

三　男性の嘆き――「白髪の老母」が作る「おふくろの味」

一九六九（昭和四四）年六月十七日の「お茶の間歳時記」の題名は「おふくろの味」である。記者は、上野駅に到着しようとしている信越《しんえつ》線の列車のなかで、男性が網棚から下ろした風呂敷包《ふろしきづつ》みから味噌の匂いが漂《ただよ》うのを感じて、「この人も〝おふくろの味〟をもらってきたんだな」と思う。そして、近ごろ店で売っている奈良漬《ならづ》けや味噌漬《みそづ》けの風味のなさに辟易《へきえき》していると嘆いたあと、このコラムを次のように締めくくる。

帰省を知らせるむすこの手紙で、二日も三日も前から台所に出てメン棒やナベをゴトゴトいわせながら白髪の老母が心をこめて作ったものでないと、本当の「おふくろの味」はでてこないようだ。

教育社会学者の木村涼子《きむらりようこ》は、大正から昭和初期にかけての大衆婦人雑誌における「主婦」像を分析した結果、「主婦イコン」とは、「華やかさ・優しさ・明るさ・なごやかさなど、近代的性分業において女性に求められるエートスを表現している」[61]と論じているが、読売新聞のこの記事が表現する「母イコン」は、「主婦イコン」とは異なり、「白髪」と「老い」である。家庭の主婦が必ずしも「華やかさ・優しさ・明るさ・なごやかさ」を身にまとっていないのと同様に、母が常に「白髪」と「老い」を特徴としているわけではない。しかし、ここで「白髪」と「老い」が母の付属物となるのは、母とは、その無私《むし》の愛情を家族に向かって無限に注ぎこむ存在であるという「愛情イデオロギー」が機能しているためである。

母は優しくはあるけれども、華やかである必要はない。母とは家族のために苦労に苦労を重ねた挙句《あげく》に白髪になり腰を曲げ、それでも子どものために台所に立って煮物を煮たり、漬物を漬けたりする人なのだ。

一九六三年五月五日の「おふくろの味」初出の記事で、草川記者が、「うす暗いいろりばたで、ヒジキの味つけをしていたなき母のまるい背」を思い出すのも、やはりこの「母イコン」のゆえである。草川氏の母親が常に背を丸めていたわけではないだろうが、彼が思い出すのは、老いを身にまとった母なのである。

バリバリのキャリアウーマンの母が仕事帰りにデパ地下で「なだ万」のお総菜《そうざい》を買う姿は、この「母イコン」に反するものだ。母とはかわいそうな人であらねばならない。かわいそうな母に息子は親孝行《おやこうこう》したいと思う。このような考え方がこの記事の背後には存在する。

四　アメリカの老人ホーム――日本の家族主義と比べて

一九六九（昭和四四）年十一月八日の記事「アメリカの家庭拝見　〝覚悟はしています〟孤独な老後　家族の写真に慰め」は女性記者によるものだ。彼女はアメリカの老人ホームで、ピンク色の服を着て、ピンク色の頬紅《ほおべに》と口紅《くちべに》をつけた、シェードル夫人（七十八歳）を取材した。シェードル夫人は、決して安くはない老人ホームの費用を払うことができる自分は「恵まれている」と言い、「同じ年ごろの話し相手が百人以上もいる」ホームで過ごす毎日を楽しんでいた。しかし、記者の考察は次のようである。

が、それでもせっせとほおをピンクに染め、家族の写真にとり囲まれていなければ、シェードル夫人はやっていけない。

記者は次にニューヨークのセントラル・パークに行く。そこのベンチに座っている白髪の男女たちが互いに「没交渉」に、ぼんやりしている様子を見た。アメリカではカリフォルニアやフロリダなどの暖かい場所で老後を過ごすことを選ぶ人々が多い。記者はそれを「渡り鳥のような暮らし」だという。そして、「家族から全く切り離されて生きる孤独感はどうなのか」という疑問を投げかける。

記者は同行《どうこう》のアメリカ人女性たちに老後の計画を聞いた。すると、彼女たちは「一様に、静かな深い声で答えた」。「私自身もそうしてきた。こんどは私がそうされる番だ。さびしいだろうが覚悟している」と。

記事の締めくくりは次のようだ。

富にも物質にも、社会的な活動の分野にもこれほど恵まれ、底なしに明るく見えたアメリカの主婦たちの心の奥を、私は一瞬、のぞき見る思いだった。

老後は老人ホームで過ごすだろうと言ったアメリカの女性たちの声が、「静かな深い声」であったのは、悲しみを底に湛《たた》えているからであると記者は解釈しているようだが、そう解釈するための決め手は何だろうか。日本の考え方では老人ホームに入るのは子どもに見放された孤独な老人という寂しいイメージがあるのであろうが、アメリカではまったくそのようなことはない。

一九六〇年代という時代を考えると、家族主義を標榜《ひょうぼう》するのは無理からぬことであり、それから半世紀以上を経た今日の視点からそれを批判するのは避けなければならないが、家族主義が女性たちを苦しめるという現実にも目を向けなければならない。老人の介護を自宅で行うことが、料理同様に、愛情の発露《はつろ》であるとするのは、危険な考え方であろう。

シェードル夫人は、「せっせとほおをピンクに染め」なければ「やっていけない」のではなく、頬をピンク色に染めて、友人たちと交流しながら、老後を楽しんでいるのだと私は思う。

五　失われた「おふくろの味」を店に求める男たち

一九六三年に表出された「おふくろの味」に対する郷愁の念は、十二年後の一九七五〈昭和五〇〉年五月十一日の「気流　お茶の間論壇」において「おふくろの味」特集が組まれるほどに日本を席捲《せっけん》することになる。この特集においては老若男女《ろうにゃくなんにょ》の別なく様々な人が「おふくろの味」の思い出をなつかしそうに語っている。

「おふくろ」という言葉には、男性が人前で母親に言及するときに、自分と母親との仲睦《なかむつ》まじい関係性に対する恥じらいの気持ちを、わざと粗雑《そざつ》な言語表現を用いることによって隠蔽《いんぺい》するという目的が内在している。(62) それゆえ、「おふくろの味」とは、基本的に男性視点の言葉であり、男性による異性の親に対する甘えが根幹《こんかん》にある概念である。それにもかかわらず、この特集において、「おふくろの味」はジェンダーを超えて君臨《くんりん》し、男女を問わずそれをなつかしんでいる。女性も「おふくろの味」に巻き込まれていくという傾向は時代を進むにつれて顕著になっていくが、その片鱗《へんりん》がすでにこの時点で見受けられるのである。

「おふくろの味」は当初から多大な期待を寄せられた概念であった。一九六〇年代、それは、子どものストレス緩和や非行の抑制に資《し》するものとして期待された（一九六七〈昭和四二〉年十月二十五日と十月二十七日）。一九七〇年代になっても、それは子どもの肥満《ひまん》対策に役立つものとして期待された（一九七〇〈昭和四五〉年九月三十日「おふくろの味こそやせる妙薬です　おかずの数ふやし　間食、偏食を締め出そう」）。

栄養学者の近藤弘さん（中略）は、おふくろの味でやせられる——という。近ごろの家庭の献立は、どこでも、チャーハン、オムレツ、カレーライス、ぎょうざ、ハンバーグ、スパゲティ、インスタントラーメン……といったたぐいのものが多い。「(中略）伝統的なおふくろの味が見当たらない。肥満児や太り過ぎもこのような手を抜いた食事が大きな原因。おかあさんは、食事づくりにもっと手間ひまをかけてほしい」

このように、「おふくろの味」に対する期待が高まるということは、家庭料理に対する期待が高まることでもある。それは、女性の怠慢《たいまん》が批判されることにつながる。「愛情イデオロギー」が日本社会の水面下で作用していたのだ。

家で「おふくろの味」を食べることができない男性たちは、店に「おふくろの味」を求めることになる。一節でみた、一九六六（昭和四一）年九月二十八日の記事「〝おふくろの味〟ヤーイ　「家庭料理不在」ということ　極端な子ども中心」では、商事会社勤務のMさんが、後輩を連れて小料理屋で一杯やりながら、「おひたし」「ゴマあえ」「ヒジキ」「切り干しの煮たの」などの「おふくろの味」を賞味《しょうみ》していた。

一九七一（昭和四六）年八月七日「ビジネス街のサラリーマン　こんな昼めしが食べたい　好評〝おふくろの味〟」では、大手町のビジネス街の一角、農林中金《のうりんちゅうきん》の三階にある「話題の〝お袋食堂〟」の様子が描写されている。そこでは、「うんざりするような暑さ」のなか、農林中金の職員たちが、食堂のこの日のメニューである、「イモの煮っころがし」「厚焼き卵」「板わさ」「青ジソのおすまし」を食すべく、「正午の時報を待ちかねるように」つめかけていた。

記者はその様子を記したあと、「家庭でもほとんど〝お袋の味〟は忘れられているのだろうか」という疑問を呈する。

一章でみたように、「おふくろの味」が生まれたのは、それが失われたという感覚が生じたからであった。あるものが、失われることなくあらゆる場所にふんだんに存在しているとき、新しい概念として生じることはあるのだろうか。これは、あまりにも一般的すぎる疑問だ。「おふくろの味」に即して考えてみよう。戦後の日本が、洋風化することがなかったら？　戦後、連合軍からの小麦の支給（五章で詳述）を必要とすることがなかったら？　米をふんだんに食べ、戦前からの日本食と郷土食の伝統をそのまま引き継いでいたら？

拙著『母恋い——メディアと、村上春樹・東野圭吾にみる〝母性〟』（ＰＨＰエディターズ・グループ、二〇二一年）で言及した、アメリカ人にとっての「おふくろの味」を思い起こしてみる。

アメリカは二度の大戦において自国を戦場とすることなく、その度に国力を増強《ぞうきょう》してきた。その「伝統」の中絶《ちゅうぜつ》を余儀なくさせる外的な事件は起こらなかった。南北戦争（一八六一―一八六五年）によって、南部の奴隷制度に基盤をおく文化様式が停止されたことは、当時の南部人にとっては大変大きな出来事であっただろうが、国全体に関わることではない。アメリカは、国の伝統の存続を保持しなければならないと感ずる危機的な状況には見舞われなかった。

一九六〇年代、日本企業の進出に伴って日本食レストランが急増したり、ベトナム戦争（一九五四年頃―一九七五年）に対する反戦運動の一環《いっかん》として自然食ブームが発生したりしたが、これらは、アメリカの食の伝統を覆《くつがえ》すほど大きなインパクトをもったわけではない。日本食ブームや自然食ブームは、アメリカ人の健康志向と合致《がっち》して、徐々にアメリカの食の伝統の一部にはなりつつあるが、それはゆるやかな変化である。

そんなアメリカにおいても、アメリカ人はMom's cookingを話題にはする。Mom's brownieやらMom's meatball spaghettiに関しては『母恋い』で言及した。しかし、Mom's brownieには日本の「おふくろの味」に対するような切実さがないのだ。お母さんがいつでもブラウニーを作ってくれる環境にあるとき、それは大好きなものではあったとしても、失われたものを求めて放浪するときの切実《せつじつ》さがない。

先の記事のなかの農林中金の職員たちはある意味切実なのだ。一人ひとりがどうかは知る由《よし》もないが、日本国民全体として、「おふくろの味」が失われたという感覚に襲《おそ》われていたのが一九六〇年代から一九七〇年代であった。それは、一九七〇（昭和四五）年九月三十日の記事「おふくろの味こそやせる妙薬です　おかずの数ふやし　間食、偏食を締め出そう」にあったように、家で作られる食事が、「チャーハン、オムレツ、カレーライス、ぎょうざ、ハンバーグ、スパゲティ、インスタントラーメン」などであったからであろう。日本人が洋食を好む傾向はどんどん強くなっていったのである。

この状況は、五章でみる『女と味噌汁《みそしる》』（テレビドラマは一九六五〈昭和四〇〉―一九八〇〈昭和五五〉年、TBS系列、平岩弓枝《ひらいわゆみえ》原作）においてストーリーとして顕在《けんざい》的に現れる。家で和食を食べることのできない男たちは、ヒロインの芸者・てまり（千佳子《ちかこ》）が営むライトバンの味噌汁屋で味噌汁やおにぎり、きんぴらなどを食べるとともに、千佳子にも惹《ひ》かれるのである。

六　女性たちの間で料理の手作りブーム

男性たちが「おふくろの味」と声高《こわだか》に叫びながら、定食屋や居酒屋を渡り歩くとき、女性たちはウーマンリブ運動を繰り広げたのだろうか。そうではない。『女と味噌汁』の千佳子同様、「おふくろの味」を手作りすべく努力しつつあったのだ。

一九七一（昭和四六）年四月二十二日の記事「おふくろの味作って家庭円満　講習会は花ざかり　郷愁おぼえる30歳代」においては、「おふくろの味、手づくりの味を習う主婦が最近ふえている」という報告がなされている。彼女たちは毎月二回勉強会を開いていた。「煮もの、あえもの、吸いもの、つけものから正月のきんとん、こぶ巻きまで〝おふくろの味〟を手にした」そうだ。講習会に通う理由としてあげられていたのは、「主人も中年になってから、油っこいものよりさっぱりしたもの、子どものとき食べた味をほしがる」ということだった。

この記事では、「おふくろの味」とは何かに関するアンケート結果が記されている。「図2-3」（次ページ）にグラフ化した。「関西のあるおふくろの味研究会」が大阪と神戸で約二〇〇人を対象にとったアンケートである。

この時代は、まだ「おふくろの味」の定義づけが曖昧《あいまい》であったということがわかる。一九八〇年代以降、「おふくろの味」という言葉は定義づけを必要としない言葉として使用されるようになるが、この時点では、日本人はまだ「おふくろの味」とは何なのか、疑問に思っ

図2-3 「おふくろの味」とは何か

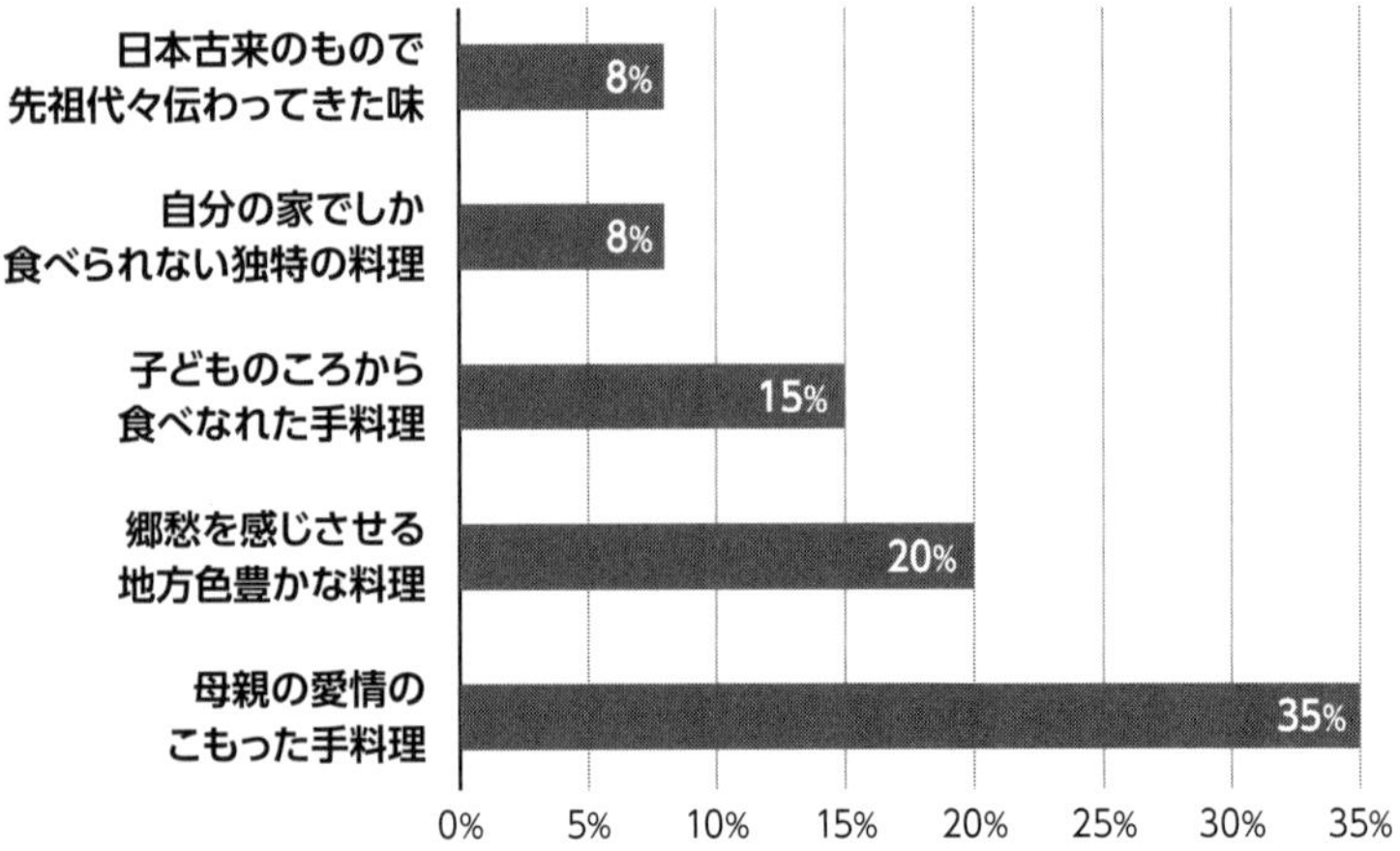

ていたのである。

六章では、一九八〇年代以降に「おふくろの味」が巨大化していく様子を詳述するが、そこでみるように、「おふくろの味」は先の意味のすべてを取り込んでいくのであった。

一九七七（昭和五二）年一月二十日の記事「若い主婦におふくろの味〝手づくり料理〟復活　その心尽くしに男は弱い」は、男の郷愁ムードで始まる。

> 朝、ご飯がたけるにおいがただよい、間もなくみそ汁の香りも。耳には、つけ物をきざむ包丁のリズムがここちよく響く。

中年以上の男性にとって、味はもちろん、このふんい気もたまらない魅力である。トースターからパンが飛び出し、インスタントコーヒーとお湯をかきまぜるスプーンの音では、やはりおさまりがつかない。

男性たちは、パンとコーヒーの朝食を好まなかったようだ。彼らは、「おふくろの味は、遠い幼いころの夢」と思い、「あきらめの心地で会社と家を行き帰りする道すがら」、「家庭の味を売り物にする飲食店の看板」を見つけて、そこで「おふくろの味」を堪能《たんのう》していた。

このように、この記事は、不運を託《かこ》つ男性たちに同情的だが、この記事の趣旨は、そこにあるのではない。当時の農林省が初めて行った食料消費実態調査で、若い主婦たちの間に「手づくり志向」が増えていることを報告することが趣旨である。

六章で一九八〇年代から二〇二〇年代の「おふくろの味」について概観するときにも言及するが、昭和五〇年代は、女性たちの間でお菓子やパン作りが流行した時代であった(63)。その背景にあったのは、一九五五年以降、一九八〇年のピークを目指して増加し続けた「専業主婦数」である(二節「「母の手料理」と子どものストレスと非行の関係——「愛情イデオロギー」と「専業主婦」」で詳述(64))。「専業主婦」たちは、手作り料理に自らのアイデンティティを構築すべく、時間をふんだんに使って頑張っていたのだ。

「お菓子やパン作り」といったが、先の記事における食糧消費実態調査でも、女性たちが手作りしていたのは、漬物の他には「ジュース」であり、今後作ってみたいものは「パン」「マヨネーズ」であった。「パン作り」はブームになっているという言及もあった。

何を手作りするのか、男女の思いは別の方向を向いていたのかもしれないが、この節で示したかったのは、一九六〇年代から一九七〇年代において「おふくろの味」は母から娘へ受け継がれたというよりは、学ぶものであったということである。料理をめぐる世代間ギャップが大きかった時代であった。戦前・戦中時代の母親は娘に教えるべき料理術をもたなかった。

このことを念頭において、一九八〇年代以降の記事をみたとき、母と娘の間で料理を受け継いでいる、または受け継ぎたいという内容の記事が多くなることに驚くのである。

七　オカラの味――夫婦の歳月の味わい?

一九七〇年代を締めくくる最後の記事は、一九七九（昭和五四）年六月一日、女性記者による「うのはな悲歌　オカラの味　家庭の味　焼却ニュースに中年の思い」である。オカラが東京都の清掃工場で産業廃棄物として焼却されることになったというニュースである。それに関連して、記者は「戦後の食卓」が「洋風化、子供中心化の一途をたどってきた」ことを憂える。

そこから、記者は、「イモの煮ころがし」や「魚のアラ煮」を復活させたのは、「中年サラリーマンの〝おふくろの味〟恋しの切なる慕情」であると、話を転ずる。そして、「女はそれほど〝おやじ〟を恋しがらないのに、男はなぜああも〝おふくろ〟に郷愁をいだくのか」と「かねがね不思議に」思っていた疑問を表明する。彼女は自分自身の疑問に自ら回答を与える。

かつての家制度の歴史は父親に絶大な家長権を与え、母親と子供は被抑圧者としてかばいあった。子にとって母はすべてを受け入れてくれる大地のように、包容力と愛に満ちた存在であったという家族史がある。

家制度における母子関係の密着という指摘は炯眼《けいがん》である。

歴史社会学者の牟田和恵《むたかずえ》が指摘するように、日本においては明治期から戦前において「国家による後押しを受けて」「母子関係の結合の深さ」が「制度化」していった。国定教科書では母親の子に対する「抑えるに困難なほどの情愛の深さと、あえてそれを行う自己犠牲の美徳とが同時に表現」された。その結果、家制度のなかに近代家族的特質がつくりだされたのであった。

外界へ開かれた「家」の内部で母と子は特に濃密な家族的情緒関係を取り結ぶ。父親は「家」の権威を象徴し、外的世界の「家」への規制を表現するものとして外部との接続を体現する。こうした関係の中で母と子は共に「家」の犠牲者であるゆえにより一層親しみあう。(65)

近代日本特有の家族制度は、「祖父母を家族に含む直系家族を規範とする」という意味では「家」が枠組みとしての機能を果たしていたが、「家族員の情緒的結合」を基盤にしていたという意味では西欧の近代家族の特色を備えていたのだと、牟田はその二重性を強調している。(66)

「オカラ」の記事の記者は、母と子の情緒的結合の最たる例として、元首相の故田中角栄《たなかかくえい》をあげている。彼が政権の座を追われたとき、故郷の母親が「カクや、いつでも帰ってこう」と言ったというエピソードだ。

「しかし、妻はおふくろではない」と記者は口調をあらためる。「妻に求めるべきは〝おふくろの味〟ではなく、〝家庭の味〟であろう」といい、次のようにアドバイスする。

妻に家庭の味を求めるなら、せめてうれしそうな表情だけでも見せることが、作り手へのエチケットであり、作り手のはげみともなろう。

他方、記者は妻に対してもアドバイスを送る。

妻の側にも一言。亭主がこんなに食べたがっているのなら、こたえてあげるのが永年連れ添った夫婦の〝友情〟というものではないだろうか。

この提言から読みとれるのは、当時、人々の心のなかにこのような男性中心主義が存在していたということである。男性中心主義を標榜《ひょうぼう》するのは男性だけではなく、女性もそれに加担していたということである。男性が「おふくろの味」という大きな物語を創《つく》りだしていくなかで、女性はその物語のなかに自らを組み込んでいき、そのなかで「おふくろの味」の再現者と継承者という役割を担うことに甘んじるのである。このようなことが、先の女性記者による記事には表れている。

二章では、一九六〇年代後半から一九七〇年代の新聞記事を年代順に追いながら、「おふくろの味」が日本社会に定着していく様子を考察した。

次の三章では、一九五〇年代後半から一九六〇年代全体を視野に入れながら、映画を資料に加えて論じていく。序章でも述べたように、新聞記事という短い文章のなかに切りとられた社会は、その一側面を提示するが、映画（や小説など）のストーリーのなかに描かれた「食」はその構造性を提示する。

映画「若大将シリーズ」の文学的な分析を通じて、「サラダ」がモダンな食べ物であったという歴史性が浮かびあがってくるであろう。

三章　映画「若大将シリーズ」と「サラダ」

一　『きょうの料理』の先端性

一九五七（昭和三二）年、NHKで『きょうの料理』の放映が開始された。一九六七（昭和四二）年には「本格的な実用番組として「基礎の見直し」という方向性を打ち出した[67]」が、それ以前の『きょうの料理』は、実用性とはかけ離れていた。

『きょうの料理』のテキスト創刊号、一九五八年五月・六月号[68]の冒頭には、「ツホンニョユアン」（五頁）なるものが登場する。「肉だんごの野菜むし」という副題がついている。豚のひき肉を丸めて、椎茸《しいたけ》、そらまめ、ハムのみじん切りの中に転《ころ》がしてから蒸すというプロセスである。「チキンフリカッセ」（八頁）もある。「チキンフリカッセ」には、「鶏肉と野菜の洋風煮込み」という副題がついている。人参、じゃがいも、鶏肉、グリーンピースを「ベジャメルソース」の中で煮込み、洋皿にもってパセリを添える。前者は肉団子、後者はクリームシチューのことであるが、当時は異国風で洒落《しゃれ》た名前がつけられていたのだ。

今日では、たとえば冬の特集としては白菜や大根を使ったレシピや、この不況を反映して「節約レシピ」がとりあげられる。二〇二三年二月現在の『きょうの料理』のインターネットサイト[69]を見てみると、「台湾カステラのフルーツサンド」という、聞きなれないお菓子があったが、これでさえ、現実生活から浮遊《ふゆう》した食べ物であるとか、自分の経済力では作ることはできないなどと思わせるものではない。

「ツホンニョユアン」はどうだったのであろうか。この名称は二〇二〇年代の今ですら異国風で未来志向型である。一九五七年の放送開始時のメニューには、「蝦仁豆腐（シャーレンドーフ）」「一口カナッペ」「什景火鍋子（シチンフォーコーズ）」などが並んでいる。[70] 人々が現実に食べている料理ではなく、豊かになったら食べてみたいと思うような料理が教授されたのである。[71]

一九六三年の「おふくろの味」を論ずるにあたって、私は、その年代前後に出版され人気を博した文学作品をリストアップしてみた。松本清張《まつもとせいちょう》『砂の器』（一九六〇〈昭和三五〉―一九六一〈昭和三六〉年）、山口瞳《やまぐちひとみ》『江分利満《えぶりまん》氏の優雅な生活』（一九六一〈昭和三六〉―一九六二〈昭和三七〉年）、水上勉《みずかみつとむ》『飢餓海峡《きがかいきょう》』（一九六二〈昭和三七〉―一九六三〈昭和三八〉年）、河野実《こうのまこと》・大島《おおしま》みち子『愛と死をみつめて――ある純愛の記録』（一九六三〈昭和三八〉年）、柴田翔《しばたしょう》『されど　われらが日々――』（一九六四〈昭和三九〉年）、三浦綾子《みうらあやこ》『氷点《ひょうてん》』（一九六四〈昭和三九〉―一九六五〈昭和四〇〉年）などがある。[72]

『砂の器』や『飢餓海峡』の世界がいまだ戦争の暗い影を引きずっていること、サラリーマンの日常生活をコミカルに描いた『江分利満氏の優雅な生活』においてすら今では想像もできないほどの貧乏が存在していたこと――これらを考えると、「ツホンニョユアン」は一九五〇年代末の日本人にとって日常生活の一部であったとは思えない。『飢餓海峡』の犬飼《いぬかい》が青森の森林軌道車《きどうしゃ》の中で八重《やえ》からもらった握り飯を貪《むさぼ》り食っていたとき、「トマトの肉詰《にくづめ》とトマトポップ」(『きょうの料理』一九五八年五月・六月号、三七頁)のことを夢想していたとは思えない。

河村明子《かわむらあきこ》(一九四七〈昭和二二〉年―)は、一九七九(昭和五四)年から『きょうの料理』の制作に関わった人である(著書『テレビ料理列伝』〈二〇〇三年〉の著者紹介欄には、現在フリーディレクターとある)。彼女自身が子どものころ、母が作ってくれたごちそうは「五目ずし」と「ポテトコロッケ」であったそうだ。おやつは果物。グリコアーモンドチョコレート(一九五八〈昭和三三〉年発売)を初めて食べたときはとても感動したそうだ。(73)そのような時代に『きょうの料理』では「ストロベリー・パイ」(一九五八年五月・六月号、二四頁)の作り方を教えていたのである。

先ほどから言及している『きょうの料理』創刊号で、料理研究家・飯田深雪《いいだみゆき》(一九〇三〈明治三六〉―二〇〇七〈平成一九〉年)は、「子供ランチ」(二七頁)や「セルフサービスサンドイッチ」(三二頁)のレシピを披露《ひろう》している。

「子供ランチ」は、「洋風芝えびご飯」「鶏のひき肉の串ざし」「子供サラダ」の三種の組み合わせプレートである。「子供サラダ」において、ポテトサラダとゆで卵は人の形に造形される。ゆで卵は七対三に切り分け、黄身を取り出して裏漉《うらご》しし、一部を残してマヨネーズであえて大きいほうの白身に絞《しぼ》り込む。小さいほうの白身を帽子にしてかぶせてその下に顔を描く。それを頭にして、ポテトサラダの胴体の上に載《の》せる。「セルフサービスサンドイッチ」は、ピクニックを想定しており、現地に到着してから用意した材料を使って各自でサンドイッチを作るという、イギリスを思い起こさせるアイデアである。

飯田深雪も、『きょうの料理』の同じ号で「いちごジャムの作り方」のレシピ（三四頁）を紹介している江上《えがみ》トミ（一八九九〈明治三二〉—一九八〇〈昭和五五〉年）も、セレブリティーであった。飯田深雪は祖先が武家、富裕な医家《いか》に生まれた。外交官の夫の赴任《ふにん》地であったシカゴ、カルカッタ、ロンドンで料理やパーティー・マナー、さらに、のちに創始するアートフラワーの礎《いしずえ》となるものを学んだ。江上トミは、熊本の名家に生まれ、陸軍造兵廠《ぞうへいしょう》に勤務する夫と結婚、夫の勤務地のパリで名門料理学校ル・コルドン・ブルーに学んだ。その後ロンドンにも滞在し、約三年の海外生活ののち、帰国した[74]。

三島由紀夫《みしまゆきお》は生涯で六回の海外旅行に行っている[75]、当時としては稀《まれ》にみる国際派だったが、世界の三島をもってしても、一九五〇年代から一九六〇年代の海外旅行は日本人にとって高嶺《たかね》の花であり、ヨーロッパやアメリカが日本よりもはるかに進んだ近代国家であることを身をもって知ることとなった。

一九五七（昭和三二）年、アメリカのクノップ社からドナルド・キーン訳の『近代能楽《のうがく》集』が出ることになり、そのプロモーションの一環《いっかん》として三島はニューヨークに渡った（途中、ラテンアメリカに行って戻ってくる）が、この旅行は大変憂鬱《ゆううつ》なものとなった。『近代能楽集』の上演準備が長引いているうちに、懐《ふところ》が寂しくなり、滞在途中で安ホテルに移らざるをえなかったのだ。(76)

三島の安ホテル暮らしと比べてみたとき、飯田深雪や江上トミのパーティー尽くしの優雅な海外生活がいかに恵まれたものか、わかるであろう。富裕な実家からの惜しみない援助があってこその暮らしぶりであった。

一章では、一九六三年の時点での一般的な主婦としての草川夫人が、明治生まれの母親に習うべき料理などなかったことを指摘した。彼女が頼ったのは、『きょうの料理』などのテレビの料理番組（一九六三年一月からは日本テレビ系列で『キユーピー3分クッキング』も始まった）や料理本であっただろう。料理本が伝授するのは先端的で洒落た料理であった。料理本が誘《いざな》っていたのは普通の人々が経験したことも見たこともないヨーロッパやアメリカの豊かな食生活であった。料理本は、「おふくろの味」を伝授する場所ではなかったのである。

二 「サラダ」は洒落た料理

未来志向型であったのは、料理本だけではない。現在、「サラダ」はごく普通の料理であるが、一九六〇年代前後は洋風で先端的なものであった。そもそも、レタスやサラダ菜など、サラダに使われる野菜そのものが目新しいものであった。『きょうの料理』一九五九（昭和三四）年三月・四月号では、「西洋野菜とその使い方」（五五―五六頁）と称して、はつか大根、ビーツ、セロリ、アスパラガス、レタス、レッドキャベツ、クレソン、パセリとはどのようなものか、説明している（これも江上トミによる）。

「季節のサラダ」（二四頁）の項では、さよりのサラダを紹介している。ゆでてレモン汁をしぼりかけた玉ねぎと、ゆでて炒めたピーマン、湯むきしたトマトを、三枚におろしたさよりと一緒にフレンチドレッシングで和《あ》える。今の「サラダ」の感覚とは多少異なり、むしろ「和え物」に近い。

『主婦の友』一九六四年六月特大号には、「新婚料理教室№5」として、「サラダと酢の物」という特集が組まれている。その冒頭には、「サラダの効用」という小項目があり、「サラダ」とは何か、丁寧な定義づけがなされている。

サラダは野菜をはじめ、果物、魚、肉、めん、米、その他の材料を、冷たいドレッシング（ソース）であえたもので、私たちの食卓には欠かせぬものです。（中略）

栄養的にいっても、私たちに貴重なビタミンCは、野菜のみがもっているものですし、体の血液を中和して、弱アルカリ性に保つためにも野菜はぜひ必要なものです。(77)

(三六二頁)

基本ソースとして、「酢油《すゆ》ソース」と「マヨネーズソース」の二種類があげられている(三六三頁)。「酢油ソース」とは、酢一、油二の割合で混ぜ合わせるソースである。「マヨネーズソース」を作るための注意点として、「サラダオイルを少しずつ」混ぜること、「新鮮な玉子を使うこと」、「油は冷やして」おくことなどがあげられている。

明治時代に洋食のソースとして使われ始めたマヨネーズは、「マイナイソース」とも呼ばれ、築地精養軒《つきじせいようけん》などの西洋料理専門店や上流階級の食卓で供されるハイカラなソースであった。一九〇八(明治四一)年には、精養軒の主人がレシピ本の中でマヨネーズソースの作り方を伝授している。市販《しはん》のマヨネーズは「高価なものだったから自分で作るほうが主流」であったようだ。(78)

キユーピーがマヨネーズを製造・販売したのは、一九二五(大正一四)年に遡《さかのぼ》る。戦時中は製造を一時中止していたが、再開したのが一九四八(昭和二三)年、現在お馴染《なじ》みのポリボトル入りのマヨネーズと日本初のドレッシング「キユーピーフレンチドレッシング

（赤）」を発売したのが一九五八（昭和三三）年のことであった。[79] 一九五〇年代末から一九六〇年代初頭にかけて、「酢油ソース」（フレンチドレッシング）も、マヨネーズも、日本人にとってはまだ馴染みの薄いものであったのだ。

「サラダと酢の物」においてレシピが紹介されているサラダは、グリーンサラダ、キャベツのサラダ、ポテトサラダ、トマトサラダ、マカロニサラダ、パイナップルサラダ、前菜《ぜんさい》風サラダであった（三六四―三六六頁）。「グリーンサラダ」の説明として、「生野菜をフレンチドレッシングであえただけですが、ふだんの食事から大宴会の献立まで、いつでもどこでもいただきます」（三六四頁）とある。この文章からは、「皆さんは知らないでしょうけど、外国または洗練された階級ではこうなんですよ」というニュアンスが感じられる。その前の頁に戻ると、「ソース合わせはいただく直前に」という小項目で、「あちらでは〝酢はケチン坊に油は大まかな人に入れさせよ〟ということわざがある」と書いてある。「あちら」とは、アメリカのことであろう。

「サラダと酢の物」を担当したのは、料理研究家の河野貞子《こうのさだこ》（一八九九〈明治三二〉―一九八四〈昭和五九〉年）である。河野貞子は二十歳の頃、商社勤務の夫に伴ってアメリカに渡った。生後十か月の赤ん坊を抱《かか》えての一か月の船旅だったそうだ。それから十一年間、ニューヨークで生活しながら様々な料理を学んだ。[80]

前述した飯田深雪と江上トミもそうであったが、ヨーロッパやアメリカの食文化を体験した人が、海外のことに無知な日本人に向かってその知識を説くというスタンスがこの当時の料理本にはあったのである。

先に触れたが、二〇二三年現在、『きょうの料理』のインターネットサイトに載っている「台湾カステラのフルーツサンド」は、上位の知識をもった人が下位の知識の人間に説きあかすスタンスで書かれてはいない。現在、台湾は人気観光地ではあるが[81]、訪れたことのない日本人も多いであろう。その人々が、「台湾カステラのフルーツサンド」のレシピをみて、その洗練された文化に恐れおののき、ぜひともそれを真似しなければ文化的発展に後れをきたすと焦《あせ》りを感じることはない。「台湾カステラのフルーツサンド」は、家庭で作るおやつの一つのチョイスとして提示されているのであって、日本の食文化が目指すべき理想を示しているわけではない。

一九五〇年代末から一九六〇年代初頭にかけての料理本の世界は、現在とは異なる視点をもっていたのである。

三　映画『大学の若大将』における「サラダ」

「サラダ」が洒落た料理であったことをさらに証明しよう。一九六一（昭和三六）年に封切られ、大ヒットした『大学の若大将《わかだいしょう》』（杉江敏男《すぎえとしお》監督）のなかで、「若大将」こと田沼雄一《たぬまゆういち》（加山雄三《かやまゆうぞう》）がサラダを作る場面がある。注意して見ていなければ見過ごしてしまう場面である。

雄一は京南《きょうなん》大学の学生で、水泳部のエース。大学の授業には適度に参加し、教授（左卜全《ひだりぼくぜん》）にあてられたときにはクラスメイトの京子（団令子《だんれいこ》）にノートを見せてもらって命拾《いのちびろ》いしている。何人もの友人たちの「代返《だいへん》（欠席している友人の代わりに返事をすること）」を一手に引き受ける、友情に篤《あつ》い男でもある。家は、麻布（作品によっては浅草）で明治時代から続く老舗《しにせ》すき焼き屋「田能久《たのきゅう》」である。家族は、父親の久太郎《きゅうたろう》（有島一郎《ありしまいちろう》）、妹の照子《てるこ》（中真千子《なかまちこ》）、祖母のりき（飯田蝶子《いいだちょうこ》）。母親は亡くなっている。

「若大将シリーズ」は当初、『大学の若大将』『銀座の若大将』（一九六二〈昭和三七〉年、杉江敏男監督）、『日本一の若大将』（一九六二〈昭和三七〉年、福田純《ふくだじゅん》監督）の三部作で終了する予定であったが、軒並みの大ヒットを受けて、シリーズとして続行された。『ハワイの若大将』（一九六三〈昭和三八〉年、福田純監督）、『海の若大将』（一九六五〈昭和四〇〉年、古澤憲吾《ふるさわけんご》監督）、『エレキの若大将』（一九六五〈昭和四〇〉年、岩内克己《いわうちかつみ》監督）、『アルプスの若大将』（一九六六〈昭和四一〉年、古澤憲吾監督）、『レッツゴー！若大将』（一九六七〈昭和四二〉年、岩内克己監督）、『南太平洋の若大将』（一九六七〈昭和四二〉年、古澤憲吾監督）、『ゴー！

ゴー！若大将』（一九六七〈昭和四二〉年、岩内克己監督）、『リオの若大将』（一九六八〈昭和四三〉年、岩内克己監督）である（その後の「社会人シリーズ」及び特別編は省略）。
「若大将シリーズ」は大体同じパターンでできている。若大将は大学では様々な学部に所属し、様々な分野を専攻している。スポーツ万能であるのだが、作品ごとに所属する部活動は異なる。『大学の若大将』では水泳、『銀座の若大将』では拳闘《けんとう》、『日本一の若大将』ではマラソン、『ハワイの若大将』ではヨット、『海の若大将』では再び水泳、『エレキの若大将』ではアメリカンフットボール、『アルプスの若大将』ではスキー、『レッツゴー！若大将』ではサッカー、『南太平洋の若大将』では柔道、『ゴー！ゴー！若大将』では駅伝、『リオの若大将』ではフェンシングである。

　青大将《あおだいしょう》こと石山新次郎《いしやましんじろう》（田中邦衛《たなかくにえ》）は、『大学の若大将』の冒頭で、若大将の「代返」を教授に告げ口したり、植木屋の足場《あしば》を蹴飛《けと》ばしたりして、悪役《あくやく》感満載《まんさい》で登場する。若大将に対する対抗意識が大いにあるのだが、結局のところ、毎回、若大将の成功を後押《あとお》しし、恋人も奪われるという損な役回りを負わされる。

　若大将は毎回、澄子《すみこ》という美しい女性（星由里子《ほしゆりこ》）と偶然出会う。『大学の若大将』では、バスの中でお婆さんに席を譲るところを目撃し、その優しさが印象に残っていた。その後、また偶然の機会から、明治屋のキャンディー・ストアで働く彼女と再会する。

放課後「女の子をひっかける」ために友達と銀座に繰《く》りだす青大将と違って、若大将は、「女の子にあんまり関心がないんだ」と自分でも言うくらい、女性に対して淡泊《たんぱく》であるが、何もしなくてもモテてしまう。澄子にも積極的にアプローチするわけではないのだが、なぜか偶然の機会に恵まれて、二人の仲は徐々に接近していく。大抵、澄子が青大将かその他の男に襲われているところを雄一が助けるというクライマックスが用意されている。

モテモテの雄一は、しかし、いつも誤解を与えてしまい、澄子の嫉妬をかう。『大学の若大将』では、デパートの社長父子《おやこ》が乗っていたボートが転覆《てんぷく》したのを雄一が助けて気に入られる。その娘と見合いさせられることになるが、澄子にその場面を目撃されてしまう。

テレビの連続ドラマとは異なり、「若大将シリーズ」の登場人物たちは変化や成長をしない。シリーズのそれまでの作品はなかったことになり、同じようではあるが微妙に異なる設定のもとで、同じようではあるがまったく新しいストーリーが展開する。不思議な世界観である。

一方、観客のほうは成長しているので、雄一が澄子という同じ名前で同じ女優が演ずる女性と偶然の機会に出会ったとき、二人が近い将来偶然の機会に再会し恋仲になることをすでに知っている。また、青大将が澄子に横恋慕《よこれんぼ》しても、それが報われることはないことも知っている。澄子は青大将の車で、雄一が滞在している日光《にっこう》（『エレキの若大将』）や万座《まんざ》スキー場(『銀座の若大将』)、苗場《なえば》スキー場(『アルプスの若大将』)に連れて行ってもらうが、青大将は利用されているだけだということも観客は十分知っている。彼女のそのような身勝手な行動が男たちの情欲《じょうよく》を誘い、襲われることになること、しかし雄一がうまい具合に現れて救ってくれること――観客はこれらの展開も知っている。

予定調和の世界が形成されるという点においては、テレビや映画の時代劇――『水戸黄門《みとこう もん》』(一九五〇年代から二〇〇〇年代にかけて幾度となく映像化された)など――とも似通っている。しかし、『水戸黄門』の場合は、水戸藩主を引退した「ご隠居《いんきょ》」水戸(徳川《とくがわ》)光圀《みつくに》がお供《とも》の者たちとともに諸国漫遊《まんゆう》するなかで悪者たちを退治していくという一貫したストーリーのなかで語られるので、いつもあまりにもちょうどよく事件に遭遇《そうぐう》するとか、そのたびにあまりにもうまくいくとか、何か違和感が生じることがあったとしても、「若大将シリーズ」の違和感とは本質的に異なるものである。

「若大将シリーズ」の〈奇妙なパターン化〉が紡《つむ》ぎだす効果――夢の世界の現出――に関しては、次の節で詳しく論ずるので、ここではこのくらいにしておこう。この節の冒頭で述べた、『大学の若大将』における「サラダ」の場面に目を転じることにする。

「若大将シリーズ」の〈奇妙なパターン化〉の一つとして、父親に勘当《かんどう》されるというのもある。『大学の若大将』で雄一は、水泳部の皆と一緒に浄化槽《じょうかそう》の蓋《ふた》を鍋代わりにして肉を焼いて食べたことで、また、妹の照子が店の集金の際に二万円を着服《ちやくふく》したことの罪をかぶって、勘当を身に受けた。住むところを探して行き着いた先が、友人（水泳部のマネージャーの多湖《たこ》〈江原達怡《えはらたつよし》。次の作品以降は、同じ俳優が演ずるマネージャーは「江口」という名前に変わる〉）がアルバイトで管理人をしている芦ノ湖《あしのこ》の別荘だった。多湖が「何でも食べていいよ」というので、冷蔵庫の中を漁《あさ》って、サラダとベーコンエッグを作る。ベーコンエッグは卵を三つも使った贅沢《ぜいたく》なもので、おいしそうにジュージューと焼きあがっている。サラダのほうは、一番下にキャベツが敷いてあり、その上にトマトのざく切り、その上にセロリ、皿の一方の端《はじ》にホワイトアスパラ（と思われる）、もう一方の端にパセリが添えてある。台所には瓶《びん》入りのマヨネーズ（前述したように、一九五八年にはポリボトル入りマヨネーズが発売されていたが）があったので、マヨネーズをつけて食べるのだろう。

テーブルの上には他に、明治屋（澄子が勤めるキャンディー・ストアも明治屋。明治屋協賛《きようさん》なのであろうか、映画のそこかしこに明治屋が出てくる）の果物の缶詰、ウインナーを何本もゆでたか焼いたかしたもの、食パンとロールパンもあった。芦ノ湖を見晴らすテラス。雄一はテーブルいっぱいに並べられた料理を食べ始める。そのとたんに、お嬢様（のちの見合い相手）が坂をのぼってやってくる。父の仕事が終わったから予定より早く家族揃《そろ》って別荘に来たそうだ。雄一はほんの一口か二口食べたところで、多湖から「帰ってくれ」と言われて、腹を空《す》かせたまま追い出されてしまった。

次の節では、当時の大学進学率と海外渡航状況をみながら、「若大将シリーズ」で描かれる大学生たちが特権《とっけん》階級であり、彼らを描く一連の映画は夢の世界を提示しているということを論ずる。

四　映画「若大将シリーズ」は夢の世界――大学進学率と海外渡航

若大将こと田沼雄一は京南大学の学生、雄一を演ずる加山雄三は慶應義塾《けいおうぎじゅく》大学出身である。京南大学が様々なスポーツの大会で闘う相手が西北《せいほく》大学である。「都の西北　早稲田の森に」というフレーズは早稲田大学の校歌の冒頭であるから、西北大学は早稲田大学であろう。すると、京南大学は慶應義塾大学となろう。

一九五〇年代から一九六〇年代にあって、大学生は特権階級であった。「図3－1」は一九六〇（昭和三五）年と一九七〇（昭和四五）年の大学進学率を示したものである。

一九六〇年の男子の大学進学率は一四・九％、女子の大学進学率は五・五％である。女子はいうに及ばず、男子で一四・九％ということは、大学に進学するのはかなりのエリート層であったことがわかる。一九六一年封切りの『大学の若大将』における若大将も青大将も、一四・九％という少数派の一部であったのだ。

図3-1 1960(昭和35)年と1970(昭和45)年の大学進学率(註82)

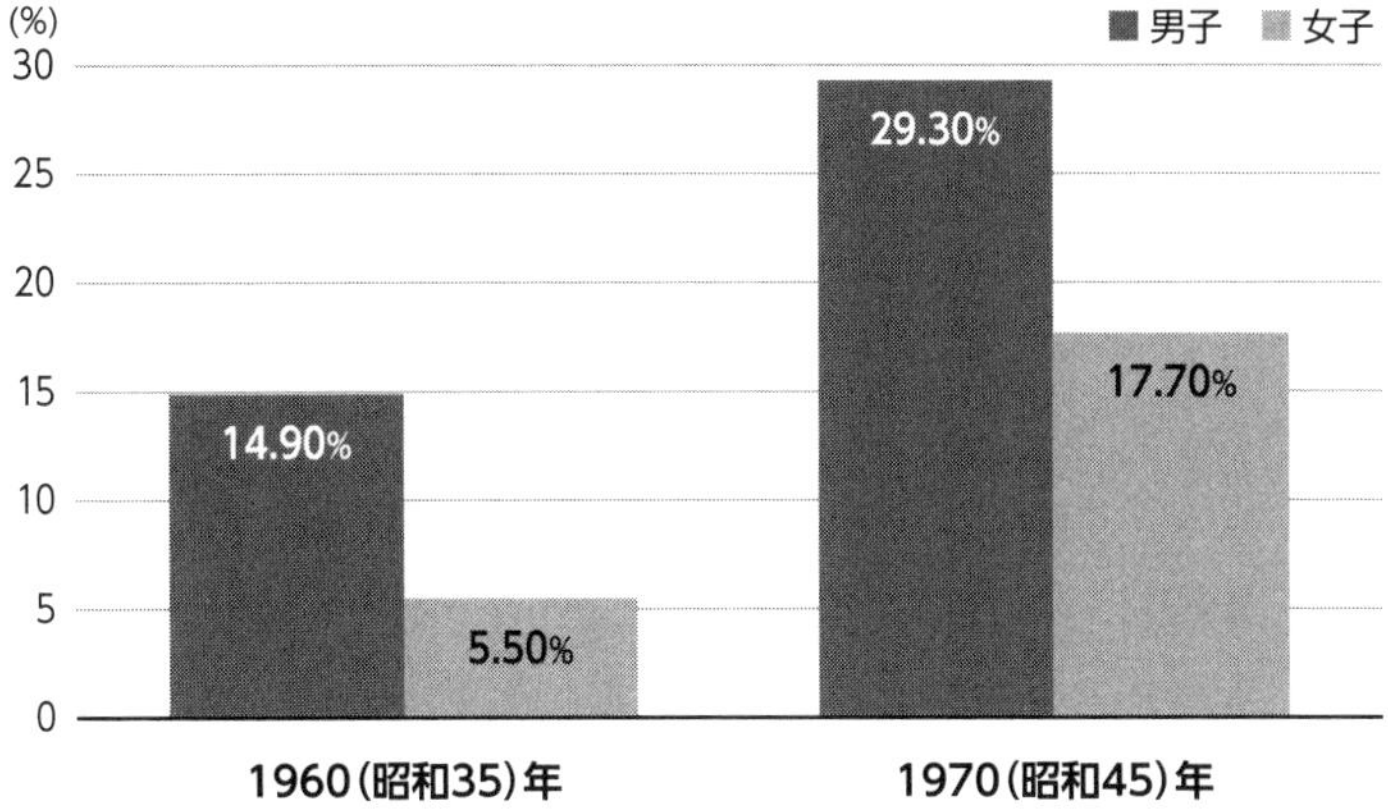

ちなみに、私の父は一九三〇（昭和五）年生まれ、一九五二（昭和二七）年に中央大学を卒業した。父は長男であるから、特別に大学に進学させてもらったのである。二人の弟たち（私にとっての叔父たち）は大学には進学していない。

太宰治《だざいおさむ》（一九〇九〈明治四二〉―一九四八〈昭和二三〉年）の生家は、青森県北津軽《きたつがる》郡金木《かなぎ》村の大《おお》地主《じぬし》であったから、私の新潟の実家とくらべると、経済状況は比較にならないほど上である。一一人の子どものうち一〇番目、六男として生まれた太宰であるが、東京の大学（東京帝国大学）に進学している。私の父の時代から四半《しはん》世紀ほど遡るにもかかわらず、素封家《そほうか》だけに許された、特権的な人生を歩んだのである。

私の父と太宰治を引き合いに出したのは、家の富裕《ふゆう》度によって違いはあれども、大学に進学することが現在とはまったく違う感覚で捉《とら》えられていたということを指摘したかったのである。現在、大学進学が義務教育の延長であるかのように当たり前のことになり、親の年収や家の財産とはほとんど関係なく、本人が望めば大学に進学することは十分可能になった。二〇二一年の大学進学率は、男子で五八・一％、女子で五一・七％である。(83) 私が奉職《ほうしょく》する大学の学生たちは恵まれた家庭の子息・子女が多いが、母子家庭出身の学生に出会うことも決して珍しいことではない。母親が一人で生計を支えるなかでも、息子・娘は大学に進学できる、そんな世の中になった現在、「若大将シリーズ」に登場する大学生たちが特権的な階級であることを想像するのはむずかしいかもしれない。しかし、彼らが一四・九％という少数派に属していたということは、この映画の歴史的位置づけを考慮するにあたって重要な数字である。

お金持ち（作品によって異なるが、大企業の社長や重役という設定は同じである）のドラ息子という設定の青大将が、とてつもなく贅沢であるのは驚くばかりである。その一端《いったん》を示そう。彼は、スポーツカーを所有し、大学にもその車で通学する（全作品）。大学を無期停学処分になるとハワイの大学に編入しようとする（『ハワイの若大将』）。大学教授と雄一のスイス・イタリア出張に自費で同行し、一人でパリまで足をのばす（『アルプスの若大将』）。スチュワーデス（現在では「フライトアテンダント」と呼ぶが、映画のなかの呼称をそのまま用いた）の澄子（作品によって職業は異なる）のフライトスケジュールに沿って世界一周旅行をしようとする（『南太平洋の若大将』）。友人たちの旅費も払ってリオ・デ・ジャネイロに遊びに行く（『リオの若大将』）。

青大将の豪遊《ごうゆう》ぶりは例外としても、「若大将シリーズ」に登場する大学生たちが最も顕著《けんちょ》に現在の大学生たちと異なる点は、彼らが日常的にアルバイトを行っていないことである。『大学の若大将』で勘当された若大将は、住む場所を探して芦ノ湖に来たが、得意の水泳を活かして、湖の監視員のアルバイトをする。『銀座の若大将』では、「ノースポール」という銀座の高級レストランで喧嘩して店内を滅茶滅茶《めちゃめちゃ》にしたのを弁償《べんしょう》するため（また、娘と結婚させたいと思う社長の目論見《もくろみ》で）、そのレストランに住み込みで働く。こんなふうに必要に迫られて突発的にアルバイトはするが、学費や日々の生活費を自分で稼ぐ必要性に迫られることはない。

前述したように、売れっ子作家だった三島由紀夫をもってしても、海外旅行では惨めな思いもしなければならなかった時代であった。そんな時代に若大将は、『ハワイの若大将』ではハワイに、『アルプスの若大将』ではスイスに二回、『レッツゴー！若大将』では香港に、『南太平洋の若大将』ではハワイとタヒチに、『リオの若大将』ではリオ・デ・ジャネイロに二回行く。

どれも費用は自分持ちではない。ハワイ行きは青大将の金持ちの父親に頼まれたものだ。スイス行きの一回目は教授の学会出張のお供であるから、大学または学会が費用を払ってくれたのだろう。同行する学生の分の費用も出るとは、普通考えられない話ではあるが。二回目は、政府派遣のスキーの日本代表選手としてであった。香港も、サッカーの全日本学生選抜選手としてであった。『南太平洋の若大将』では、ハワイの日本料理店が田能久のすき焼きを店で出すことになり、その調理指導として行ったから、費用はハワイの店持ちだったのかもしれない。『リオの若大将』のリオ行きの一回目は教授のお供で石川島商船《いしかわじましょうせん》での仕事、二回目は体調が芳《かんば》しくない教授の代わりに再び石川島商船に仕事で行く。大学院生であったとしても考えられないことである。まして学部の学生が教授と一緒にまたはその代わりに派遣されるとなると、荒唐無稽《こうとうむけい》としかいいようがない。

若大将自身が海外旅行をするのに十分裕福であったわけではないのだが、彼が身軽に海外に飛び立つ姿を見ている観客の目には、夢のような生活と映っただろうことは容易に想像できる。

政府関係や業務、留学などに限られていた海外渡航《とこう》が制限つき（年一回の外貨《がいか》持ち出し、五〇〇ドルまで）ながら自由化されたのは、東京オリンピックを半年後に控えた一九六四（昭和三九）年であった。(84) 一九六四年の海外旅行客は約一二・八万人だったが、そのうちの約二〇％弱がハワイを訪れたそうだ。一九六八年には割引運賃が認められたが、それ以前は正規《せいき》運賃のみであった。往復三五万円は、当時の大卒の初任給が月二万円だったことを考えると、かなりの高額だ[85]。

一九六三年封切りの『ハワイの若大将』は、渡航自由化以前の話である。雄一がハワイに行ったのは、ハワイの大学の編入試験でも不正を働いた（京南大学を停学になったのも試験における不正行為が原因であった）青大将を連れ戻すことが目的であったから、何らかの理由づけを行うことが必要であったと思われるが、映画のなかでは明確に説明されていない。

再び三島由紀夫を例にだそう。三島が一九五一（昭和二六）年にアメリカ、ブラジル、パリ、ロンドン、ギリシャをめぐる世界一周旅行に出かけることができたのは、「朝日新聞特別通信員」という資格を与えられたからであった[86]。若大将がもし「留学」を理由にハワイに行ったのであれば、ハワイの大学からの入学許可書を受けてのビザ手続きなど、かなり煩雑《はんざつ》な手続きが必要だったと想像される。または、青大将の父親の会社の特別社員として「出張」という名目《めいもく》で行ったのか。いずれにしても、フィクションの世界であるから、現実世界のようにすべての詳細を説明し尽くす必要はないのだが。

一九六六年封切りの『アルプスの若大将』以降は、海外渡航自由化後の話であるから、特別な理由は必要ない。しかし、海外渡航が許可されたとしても、一ドル三六〇円の固定相場《こていそうば》制《せい》のもとであった。このレートでの固定相場制は一九四九（昭和二四）年から一九七一（昭和四六）年まで維持された（一九七三〈昭和四八〉年に変動《へんどう》相場制に移行）。

今、これを執筆している二〇二三年二月二十七日現在、一ドルは一三六円である。長期間にわたる日本のデフレもあいまって、ドルに対する円の貨幣価値はかなり下がっている。一ドル一三六円の今日ですら、海外に行くと、為替《かわせ》レートが円に対して不利であることを如実《にょじつ》に感じる。一ドル三六〇円の時代において、円の目《め》減《べ》りは想像にかたくない。しかも、外貨の持ち出しは五〇〇ドルまでという制限つきであった。[87]

今日から考えると、一ドルが一〇〇円を切っていたバブルの時代ははるか昔のように感じられる。一九九五（平成七）年に円は七九円の高値をつけた。[88]私がアメリカに留学したのは一九九四（平成六）年であった。一九八九（平成元）年に三菱《みつびし》地所《じしょ》が、クリスマスには巨大なツリーが飾られることで有名なニューヨークのロックフェラーセンターを買収した五年後のことであった。日本にくらべてアメリカの物価はかなり安いと感じられ、ショッピングを大いに楽しむことができた古き良き時代であった。この時代に海外旅行を謳歌《おうか》した人々にとって、一九五〇年代から一九六〇年代の海外旅行の惨めさをイメージすることは、今や歴史的文脈を再構築しなければならない学問的行為となったのである。

「若大将シリーズ」を今の視点からみると、当時の大学生の生活を描いた映画だと考えてしまいがちであるが、そうではないのである。そのなかに登場する「サラダ」もまた夢の食事であったのだ。

五　映画「若大将シリーズ」の〈奇妙なパターン化〉が夢の世界を現出する

前節では、一九五〇年代から一九六〇年代の歴史的文脈のなかに「若大将シリーズ」をおいてみたとき、観客の前に現出するのが夢の世界であることをみた。この節では、この「夢の世界」現象を文学的に分析してみよう。

恵まれた家庭に生まれた若大将が、人が良すぎるために、青大将のカンニングの場に居合わせたことで同罪《どうざい》として処罰《しょばつ》を受けたり（『ハワイの若大将』）、青大将がパリでナンパした女性を自分の家に居候《いそうろう》させてあげたり（『アルプスの若大将』）、青大将がマカオのカジノですった二万ドルを香港のお嬢様に肩代《かたが》わりしてもらったり（『レッツゴー！若大将』）することが、大変悲劇的な状況を生むというストーリー展開も十分に可能である。しかし、「若大将シリーズ」では、様々な問題は難なく解決され、悲劇的可能性は喜劇へと変換される。

別の言い方をすると、「若大将シリーズ」ではストーリーが深まっていかないのである。ストーリーは、若大将がもしも水泳部だったら、もしもスキー部だったらというふうに水平方向に設定の種類を増やしながら広がっていく。垂直方向には深まらない。彼の隠れた一面が暴露されるとか、彼が失敗を糧《かて》にして変わるとか、彼と澄子との関係性が変質するとか、青大将との友情に嫌気《いやけ》がさすとか、そういうことはまったくない。若大将は、常にスポーツ万能でさわやかで、人にものを頼まれたら嫌《いや》とはいわない良い人である。

水平方向に広がるストーリーのなかで唯一生じる変化は、妹の照子の恋物語である。兄が所属する運動部が何であれ、ほとんど常にその部のマネージャーを務《つと》める江口との恋が進展していくのである。シリーズ最初の『大学の若大将』で彼(この作品では多湖)は、アルバイトで管理人をしていた芦ノ湖の別荘所有者であるデパート社長の令嬢に恋をするが、これを唯一の例外として、彼はどの作品でも照子のことを好いている。

『日本一の若大将』では、田能久に住み込みで働くことになった江口が、風邪をひいて寝ている照子に「おじや」を作ってあげる。すると、照子は、自分の父が調理見習いだったとき、田能久のひとり娘の母のためにおじやを作ってあげたことで母の心を射止《いと》めたという思わせぶりな話をする(作品全体では、父親が直系《ちょっけい》の息子である印象がある)。この映画の最後には、「大東実業《だいとうじつぎょう》」から採用通知をもらった雄一が、江口に婿養子になって店を継いでもらいたいと宣言する。また、『リオの若大将』では、雄一が「石川島商船」から採用通知をもらうと、お婆ちゃんが江口に婿養子になってもらいたいと言う。

シリーズの早い段階ですでに結婚間近《まぢか》にみえた二人ではあったが、映画のなかで二人の恋が大きくフォーカスされたり、または逆に暗礁《あんしょう》に乗りあげたりすることはない。時折二人が仲良くする姿が画面の端や奥に見受けられる程度である。ところがいつの間にか、社会人シリーズの『フレッシュマン若大将』(一九六九年、福田純監督)では、若大将が「日東自動車」に就職すると(『日本一の若大将』では「大東実業」に、『リオの若大将』では「石川島商船」に就職したはずだったが)、江口が照子と結婚して田能久に同居する。おまけとして、二人の熱々《あつあつ》ぶりに刺激された久太郎(雄一と照子の父親)がバーのママ(草笛光子《くさぶえみつこ》)に入れあげるという話も付け加わる。

照子の話は、深まったり進展したりするわけではない。また、主筋《しゅすじ》に対する副筋《ふくすじ》としての役割を果たすわけでもない。若大将のまわりを囲む人々は、彼とは異なる何らかの行動をしたり、何らかの特質をみせたりすることによって、若大将を際立《きわだ》たせる役割を果たすのである。そのための背景として、照子と江口の物語が必要なのである。

同じように、青大将の乱暴ぶりと迂闊《うかつ》さも、若大将を際立たせる背景として必要なのである。青大将は美人とみるとすぐに熱をあげ、しかも、隙《すき》あらば体を奪おうとする。他方、若大将は女性たちから送られてくる秋波《しゅうは》になかなか気がつかず、すげない態度をとる。

どちらの場合も、観客は若大将のほうに圧倒的な価値を見出すのである。彼らの行動の軌跡が描く絵模様はスケートリンクの上を滑って進むかのように水平方向に広がっていくが、互いに影響しあって深みを増していくことはない。

女性の観客は、抜群《ばつぐん》に素敵でしかも自分に気がありそうなのになかなかアプローチしてこない男性像を若大将のなかにみて、彼に憧れ、彼を追い求めるであろう。江口が映画の主人公だとしたら、女性の観客は自らを照子の立場において、あんな誠実な人に愛されたいと思うだろうか。思うかもしれない。しかし、思ったとしても、それは夢の恋とはならない。着実さを重視する心が求める現実社会の反映であり、また、現実社会に容易に反映されうる像である。

文学（映画などのメディアも含めて）の効用とは、実体験よりもはるかに大きな範囲に広がる人生模様を知ることによって、自分の人生を構造化し、それに一つの解釈を与えるためのヒントとなることだと私は思っている。

たとえば、私が最近見た映画に『糸』（二〇二〇年、瀬々《ぜぜ》敬久《たかひさ》監督、菅田将暉《すだまさき》、小松菜奈《こまつなな》主演）というのがある。北海道の美瑛《びえい》を舞台にし、そこで十三歳のときに知り合った男女（漣《れん》と葵《あおい》）が長い年月を経て愛を成就《じょうじゅ》させる物語である。中島《なかじま》みゆきの「糸」（一九九八年）という歌にインスピレーションを得て作られた映画である。唯一無二の恋人とは赤い糸で結ばれているという民間伝承《でんしょう》がバックグラウンドとして存在するがために、理解しやすいテーマ設定である。

葵は母親の恋人からＤＶを受けていた。漣は彼女を救うため逃避行《とうひこう》を企てるが、警察に連れ戻される。二人は引き離された。その後、束の間《つかま》会う機会はあっても、二人はすでに別々の場所でそれぞれの人生を生き、それぞれに愛を誓いあった人がいた。

二人の苦闘と模索《もさく》が描かれるなかで、映画のカメラは二人を交互に映しだす。映しだされる二人は愛する人と一緒のときでもいつも少し悲しそうである。その悲哀は中島みゆきの歌によって増幅《ぞうふく》される。それとともに、彼らの現在の恋人は唯一無二の相手ではなく、十三歳のときの初恋こそが唯一無二の愛なのだというメッセージ性が画面に漂《ただよ》う。画面は、彼らがいつか一緒になったときには二人とも最高の笑顔をとり戻すことができるだろうという予感に満ちている。

人は、子どものころ好きだった人に何十年後かに再会し、再び恋に落ちたとき、その間の恋の数々は初恋の人との再会をより感動的にするための序章にすぎなかったのだと思うこともあろう。そう思うのは、『糸』のように、映画や文学作品が初恋をテーマにすることが多いからなのである。もし人々にアンケートをとって、初恋をまっとうした、もしくは、初恋の人と再会して結婚した人のデータをとってみたら、そのような人々はごく少数派にすぎないかもしれない。または逆に、初恋の人と再会してひどく失望した人のデータをとってみたら、こちらのほうが圧倒的多数派かもしれない。

『糸』の話が長くなってしまったが、私がいいたいのは、文学は人生を構造化するということである。人は人生を振り返ってみて、自分の人生は初恋の人を思い続け、その人と再会するために歩んできた人生なのだと思うとき、自分の人生に一つの解釈が与えられてほっとするのである。または、何らかのコンプレックスを克服するために努力し続けた人生だと思ってもよい。あるいは、自分は人生の前半に運を使い果たして、後半はその貯金で生きる運命なのだと思うこともあるかもしれない。とにかく、人は自分の人生に何らかの解釈を与えたい。自分のことを語るとき、人は知らず知らずのうちに自分の人生に一つの解釈を与えているのである。

『糸』がそのような機能を果たすのに対して、「若大将シリーズ」は、そのような機能を果たさないという点において、本質的に異なる役割をもつ映画である。「若大将シリーズ」のなかに観客がみるのは、夢と憧れなのである。

加山雄三が、上原謙《うえはらけん》（一九〇九〈明治四二〉—一九九一〈平成三〉年）という、戦前・戦後の日本で二枚目映画スターとして人気を誇った俳優の息子であり、フィクションのなかの雄一同様に、スポーツ万能で、慶應義塾大学に進学する頭脳にも恵まれ、音楽も嗜《たしな》む美男子《びなんし》であったという事実は、彼を現実から遠ざけるのに十分なハイスペックさであった。

雄一と加山雄三とは、名前が似通っているだけでなく、お婆ちゃん子である、大飯食《おおめしぐ》らいである、妹がいるなど、数々の点において共通点をもっている。さらに、作品を追うごとに加山雄三の人気が高まっていき、それと歩調を合わせるように雄一が映画のなかで歌を歌う場面が増えてくることも、加山雄三その人との区別を曖昧にする効果をもった。

　このようなことから、「若大将シリーズ」を見る観客は、一つの完結したフィクションの世界に身を置くというよりは、現実世界と切れ目なくつながる世界を目撃することになる。雄一が映画のなかで、しばしば唐突《とうとつ》にストーリー展開とは関係なく歌を歌いだすとき、観客が目の前に見るのは雄一ではなく、加山雄三である。フィクション世界には裂《さ》け目が生じ、その完結性を失い、現実のほうにむかって溢《あふ》れでてくる。フィクション世界と切れ目なくつながる現実世界は、しかし、観客が自分たちの日常と重ねあわせることのできる世界ではなく、その現実こそが自分たちの日常世界とはまったく異なると感じさせられる、夢のような現実世界なのである。

　それゆえ、この映画から我々が得るものは、自分自身の人生に構造と解釈を与えるヒントではなく、このような人生もあるのだという、しばしの夢なのである。

『大学の若大将』に登場する「サラダ」が、観客の日常を写しだしている料理ではなく、映画のなかのほとんどすべて――澄子が着る洋服も含めて[89]――と同様に、憧れの食べ物であったことを論ずるために、紙幅《しふく》を使った。夢のような映画のなかで夢のような男性である若大将が食べるサラダは、「夢」という記号として機能するのである。その「夢」の内容をさらに詳述すれば、「洋風」「お洒落」「贅沢」「都会」などの意味をはらむであろう。

「サラダ」の記号性は時代とともに変化し、今は、「健康」であろうか。少し前までは「女性的」であったと思うが、男性も美しさを重要視するようになった現代において、痩《や》せるためにサラダをたくさん食べることは女性の特権ではなくなった。

四章

石坂洋次郎『陽のあたる坂道』における洋食と和食の対比構造

一　『陽のあたる坂道』における洋食と和食の対比構造

「若大将シリーズ」は戦後日本に希望と勇気をもたらした。そこに登場する「サラダ」――海外旅行や大学生活や澄子《すみこ》の洋服やその他も含めて――は、観客に夢を与えた。同様に、戦後日本に希望と勇気を与えたのが、石坂洋次郎《いしざかようじろう》（一九〇〇〈明治三三〉―一九八六〈昭和六一〉年）の数々の小説である。

そのなかの一つ、『陽《ひ》のあたる坂道』（一九五六〈昭和三一〉年十二月―一九五七〈昭和三二〉年十月、読売新聞に連載、一九五七年、大日本雄弁会講談社から単行本）に、「サラダ」が登場する。『陽のあたる坂道』におけるサラダの記号性は、[90]『大学の若大将』（一九六一〈昭和三六〉年）同様に、「洋風」「お洒落《しゃれ》」「贅沢《ぜいたく》」「都会」である。しかし、作品のストーリー展開に沿ってその記号性を分析していくと、そこにおける「サラダ」は『大学の若大将』におけるような手放《てばな》しの夢と憧れを表象しているわけではない。『陽のあたる坂道』における記号としての「サラダ」は両面価値的な様相を呈《てい》してくる。

『陽のあたる坂道』においては、「サラダ」は、ほかの食べ物――ビフテキ、トンカツ、焼き芋、ラーメンなど――とともに、洋食と和食の二項対立的関係を構築している。そのなかで「サラダ」は、『大学の若大将』とは異なり、必ずしも憧れの料理として提示されているわけではない。

この章では、『陽のあたる坂道』における洋食と和食の対立関係を詳しく分析する。洋食には否定的な意味が付加されつつあり、逆に和食には肯定的な意味が付加される。五章で論ずるテレビドラマ『女と味噌汁《みそしる》』（一九六五〈昭和四〇〉―一九八〇〈昭和五五〉年、TBS系列、平岩弓枝《ひらいわゆみえ》原作）においては、パンとサラダは明らかに否定的な食べ物として認識されるのだが、『陽のあたる坂道』においてその過程をみることができるのである。

本書全体の議論の過程のなかでは、洋食がもてはやされた時代において、その反対項として「おふくろの味」が出現することを論証するための道筋《みちすじ》の一つである。長い回り道をするようであるが、「おふくろの味」は、出現したときにはすでにノスタルジアの対象となっていたことを十分納得してもらうためである。

サラダやビフテキなどの洋食が都会の富裕層のみが食べる特別に贅沢な食べ物として認識されたということは、地方または中下層の人々にとっての憧れと夢であったことを意味する。ということは、彼らは夢のライフスタイルをいつか真似したいと思っていたということである。人々は、田舎料理を過去に置き去り、サラダやビフテキの領域に属したいと願っていた。それが実現され始めたとき、人々はすでに失われたものとして「おふくろの味」を発見したのである。

二　昭和の人気作家・石坂洋次郎

石坂洋次郎が昭和のベストセラー作家であったという事実は、今日すっかり忘れ去られてしまったようだ。一九〇九（明治四二）年生まれの太宰治《だざいおさむ》とはほぼ同年代である。太宰は青森県北津軽《きたつがる》郡生まれ、石坂は青森県弘前《ひろさき》市生まれ。同年代で同郷の二人はともに大作家となったが、日本文学史のなかに明確な痕跡《こんせき》を残したのは太宰のほうである。その破滅《はめつ》型の人生と複数回にわたる心中事件が、作家の悲劇的な人生と作品世界との密接な関連性を好む日本人の嗜好《しこう》に合ったということだろうか。小説を書くための「強い内的必然性」と「人間の存在の深淵(91)」を捉《とら》えようとする意思を示した「戦後派」の作家たち(92)が気炎《きえん》を吐くなか、石坂洋次郎は、大衆小説の作家、もしくは、「純文学にやや通俗性、社会性、娯楽性を加えた中間小説(93)」の作家という位置づけしか得ることができず、文学史の周縁《しゅうえん》に追いやられたのである。

朝日新聞に連載（一九四七〈昭和二二〉年六―十月）された『青い山脈《さんみゃく》』（一九四七〈昭和二二〉年、新潮社から単行本）は、戦後の混迷《こんめい》のなか人々の胸を疼《うず》かせていた自由と解放への希望を象徴するような作品であった。男女の自由な交際の可否《かひ》をめぐって町中を巻き込む大騒動が起きるが、最終的には、進歩的な意見をもつ女子学生と女性教員の側が勝利をおさめ、その過程でいくつかのカップルができあがる、青春讃歌《さんか》の物語である。

『青い山脈』は、一九四九（昭和二四）年に今井正《いまいただし》監督によって映画化された。この映画は、女子学生・新子《しんこ》を演じた新人女優・杉葉子《すぎようこ》の伸びやかな肢体《したい》や、東京の女子大を出た女性教員（原節子《はらせつこ》）の自由と民主主義への確たる信念を観衆の心に強く印象づけ、(94)小説『青い山脈』が「新生日本の代名詞として語り継がれる(95)」ことの後押《あとお》しとなったのであった。『青い山脈』はその後、一九五七（昭和三二）年、一九六三（昭和三八）年、一九七五（昭和五〇）年、一九八八（昭和六三）年にも映画化され、昭和の日本を大いに魅了した。

私は十代前半から後半にかけて、石坂洋次郎を耽読《たんどく》した記憶がある。一九七〇年代、石坂洋次郎の人気は健在だったのだ。私は父の本棚から石坂洋次郎の本を次々と抜きとっては部屋の隅に行って読んでいた。

一九七二（昭和四七）年から一九七三（昭和四八）年、石坂洋次郎の『光る海』（一九六二〈昭和三七〉年十一月―一九六三〈昭和三八〉年十一月、朝日新聞に連載、一九六三年、新潮社から単行本）がテレビドラマとして放映されていたとき、私は十一歳から十二歳だった。オープニングロールの金色に光る海は、その向こうに存在する怪しげな大人の世界を隠しながらも時折垣間《かいま》見せる幕であるかのように私の前に立ちはだかっていた。私はその幕を越えた向こう側に行くことを許されなかった。二階の寝室に向かって階段を上りながら、居間のテレビの画面が映しだす金色に光る海を眺めたことを鮮明に記憶している。ちょうど子どもが寝る時間に始まったのだろう。

石坂洋次郎の人気を物語るもう一つのエピソードは、『陽のあたる坂道』の文庫本（講談社文庫）の巻末解説の執筆者、文芸評論家の小松伸六《こまつしんろく》によって提供されている。小松は、当時出校していた立教大学の学期末試験のことを思い出している。彼は、他の先生の試験の監督補助（小松は「立番」と表現しているが、今はこの言葉は使われない。「立ち合い」と呼ぶこともある）をしていた。試験問題の一つが、「昭和初期の青春文学の一つをとりあげ、それについて述べよ」というものだった。興味をもった彼は、学生の答案を覗《のぞ》きながら、机と机の間を歩いた。彼の印象では、「おそらく八〇パーセントまでが、石坂氏の代表作『若い人』をとりあげていた」というのだ(96)。

三 『陽のあたる坂道』における「ロールパン、サラダ、ベーコンエッグ」

『陽のあたる坂道』は、田代《たしろ》家に家庭教師として初めて赴《おもむ》く、大学の国文科三年生の倉本《くらもと》たか子が、緑ケ丘の静かな住宅街の陽のあたる坂道を歩いている場面から始まる。田代家は、出版社の社長の父親・玉吉《たまきち》、「堂々とした恰幅《かっぷく》」の美人の母親・みどり、「イヤ味のない、整った顔立(97)」（一六―一七頁）の長男・雄吉《ゆうきち》、個性的な次男・信次《しんじ》、少しびっこをひく娘・くみ子の五人家族である。

たか子はくみ子の家庭教師兼話し相手として、その日以来田代家をしばしば訪れることになるのだが、その日はお昼を一緒に食べながら、懇親《こんしん》を深めることになった。みどりが、「特別な料理は何もつくりません。ふだんのうちのお昼の献立なんですけど、御一緒にどうぞ」（二〇頁）と言う。食堂に行くと、食卓に用意されていたのは、「白いロールパン、ベーコンの薄切りと目玉焼、トマトときゅうりのサラダ、冷たい紅茶など」（二二頁）であった。「何もございませんけど」と言うみどりを前にして、「いつも、学校では、三十円のざるそばなどでお昼をすませる」たか子はそれを「すばらしい御馳走《ちそう》」（二二頁）だと思うのであった。

「パン、サラダ、ベーコンエッグ」は、『大学の若大将』で若大将が友人が留守番をする別荘で作ったのと同じメニューである。若大将は一日五回食事をとる男で、食べ物を前にするといつもうれしそうな表情をする。そのため、その場面における彼の表情だけでは、「パン、サラダ、ベーコンエッグ」が、特別なごちそうかどうかは判断できない。彼は冷蔵庫を開けて小躍《こおど》りするのだが、デパートの社長が所有する別荘の冷蔵庫が特別に充実した食材に満ちていたのか、単に腹を空《す》かせていたから喜んだのかはわからない。

三章では、「若大将シリーズ」が一九六〇年代から一九七〇年代初頭の現実の日本社会を写しだしたものではなく、あの時代の日本人にとっての夢の世界を描いていたのだということを指摘した。それゆえに、若大将が食すサラダは夢のような食べ物だったのではないかとも述べた。

そこにおいて、「パン、サラダ、ベーコンエッグ」は、彼のいつもの貧しい食事と対比されているわけではない。若大将の食生活はまったく貧しくはない。父が経営するすき焼き屋のすき焼きやステーキをいつでも食べることができるのだから。

若大将の生活自体が夢のようであるがために、「パン、サラダ、ベーコンエッグ」が『大学の若大将』に登場したとき、「贅沢」や「都会」といったような象徴的な意味を即座《そくざ》に帯びることはないのである。

他方、『陽のあたる坂道』においては、「パン、サラダ、ベーコンエッグ」を「すばらしい御馳走」だとたか子が感じた、その心情を語り手が説明してくれているので、その記号性は即座に明らかになる。

たか子も貧しいわけではない。「若大将シリーズ」が夢の世界であることを論証するために引いた一九六〇年時点での大学進学率（「図3－1」）をみてもわかるように、女子の大学進学率は五・五％であった。そのうち、四年制大学は二・五％、短期大学は三・〇％である。[98]『陽のあたる坂道』が読売新聞に連載されたのは一九五六年であるから、一九六〇年よりも四～五年前のことである。数字はもっと下がるであろう。

一〇〇人女性がいたら、そのうちの二～三人しか四年制大学に進学しなかった時代にあって、青森から上京し、父親が「ゆくゆくは東京に出る子供たちのために」（四〇頁）買っておいてくれた、小石川のアパートに住んでいるたか子は、かなり恵まれた環境にあるといえる。家庭教師として働くことにしたのも、学費や生活費を補うためではなく、将来弟も東京の大学に進学することになったときの準備としてであった。

正月休みに、たか子はくみ子を伴って郷里に帰った。そのあとを追ってきた雄吉が、スキーで転んで足をくじいて病院に入院した。たか子が毎日見舞いに来てくれるのを楽しみにしており、実は歩けるようになっていたが、歩けないふりをしている。そんな二人を前にして、病院の医師は、たか子に関して、「いいお嬢さんだぜ。家柄もこの町ではいいほうだ」（二六〇頁）と雄吉を励ますような言葉を投げかける。

石坂洋次郎は弘前の商家に生まれた。自分自身の生《お》い立ちを反映させたのか、たか子の父は「雑貨商」という設定である。店で働いている「男衆《おとこしゅう》」が、雄吉の夕食を病院に運んできてくれる。「男衆」がいるということは、商店といっても、家族経営の小さな小売店ではなく、かなり大きな店であろう。

その「男衆」が「小さな出前箱」に入れてもってきてくれた夕食は、「五目飯《ごもくめし》、焼き魚、帆立の煮つけ、大根漬《づけ》など」（二六五頁）であった。「魔法瓶には豆腐とナメコの味噌汁が熱いままで入っていた」（二六六頁）。充実したメニューである。田代家の料理との違いは、たか子自身が感じているように、「田舎風」（二六六頁）であるというだけのことだ。

この作品全体を通じて、洋食と和食が対比的構造のなかで登場することは注目に値する。洋食と和食の対比は、田代家の虚飾《きよしよく》と虚偽《きよぎ》、さらに、たか子の真実を見抜く力が田代家という「まとまった一つの編み物」（二三四頁）を徐々にほぐしていく様が語られるなかで、効果的に作用している。

次節以降で、『陽のあたる坂道』における洋食と和食の対比を、特に「ビフテキ」と「トンカツ」において詳しくみていこう。

四　『陽のあたる坂道』における「ビフテキ」

田代家でパン、サラダ、ベーコンエッグを供《きよう》された夜、たか子はアパートの一人の食卓で「お味噌汁、つくだ煮、塩ざけ」（五一頁）という食事をとる。たか子が次に田代家の人々と一緒にいる場面は、音楽会から帰ったくみ子が二階の信次の部屋を訪れて、このお気に入りの兄に向かって語るなかに現れる。

みどり、雄吉、たか子、くみ子の四人は、音楽会に行った帰り、銀座のレストランに立ち寄った。くみ子がビフテキを半分残すと、たか子が「私いただいてもよろしいでしょうか」と言って食べてしまう（九五頁）。ここに現れているのは、知性に裏打《うらう》ちされた、たか子の率直さではあるが、本章の文脈において注目するのは、ビフテキである。

「若大将シリーズ」において若大将がしばしばビフテキを食すことを指摘したが、ビフテキとはこの時代にあって、どのような食べ物だったのだろうか。

私自身の子ども時代を思い返すと、牛肉のステーキを食べた記憶はまったくない。祖父母と同居していたせいでもあろうが、肉よりも魚が主体であった。肉を食べることがあるとすれば、トンカツかすき焼きだった。どちらも豚肉であった。

よく知られているように、江戸時代には獣肉食《じゆうにくしょく》が公的には忌避《きひ》されていたが（猪《いのしし》や鹿などは「薬食い《くすりぐい》」と称して食されていた）、明治時代の肉食解禁とともに「牛鍋《ぎゆうなべ》」という料理が流行した。「若大将シリーズ」で若大将の父親が経営する「田能久」は明治時代創業の老舗《しにせ》すき焼き店という設定であるが、フィクションのなかの「田能久」は、現実世界のなかのすき焼き店の一つなのである。「田能久」は麻布にある（作品によっては浅草）が、浅草の「米《よね》久《きゆう》本店」（一八八六〈明治一九〉年創業）を彷彿《ほうふつ》とさせる。

「田能久」のモデル候補となりうるすき焼き店は、「米久」以外にもいくつもあるだろう。『食に歴史あり――和食・洋食事始め』という本には、カラー写真とともにすき焼きの老舗が紹介されている。横浜の「太田なわのれん」（一八六八〈明治一〉年創業）、浅草の「ちんや」（一八八〇〈明治一三〉年から牛鍋提供）、同じく浅草の「今半本店《いまはん》」（一八九五〈明治二八〉年創業）、日本橋の「伊勢重《いせじゅう》」（一八六九〈明治二〉年創業）である。[99]『西洋道中膝栗毛《せいようどうちゅうひざくりげ》』（一八七〇〈明治三〉—一八七六〈明治九〉年）などで有名な戯作者《げさくしゃ》・仮《か》名垣魯文《ながきろぶん》（一八二九〈文政一二〉年—一八九四〈明治二七〉年）は、『安愚楽鍋《あぐらなべ》』（一八七一〈明治四〉—一八七二〈明治五〉年）で「牛鍋食わねば開化不進奴《ひらけぬやつ》」といったが、本当に「士農工商老若男女、賢愚貧福《けんぐひんぷく》」あらゆる人々がこぞって牛鍋を食べたのであろうか。一八七五（明治八）年の東京に牛鍋屋はすでに一〇〇軒以上あったが、二年後には五五八軒に急増したそうである。[100]

牛鍋の浸透とともに、築地精養軒《つきじせいようけん》（一八七二〈明治五〉年創業）、帝国ホテル（一八九〇〈明治二三〉年開業、日比谷）、煉瓦亭《れんがてい》（一八九五〈明治二八〉年創業、銀座）などの西洋料理を供する店の開業、鉄道の食堂車における西洋料理の提供（山陽鉄道における「自由亭ホテル」、のちの「みかどホテル」）、料理書における「和洋折衷《わようせっちゅう》料理」の推奨《すいしょう》など、[101]日本人の食卓における肉料理の馴致《じゅんち》を進める外的条件は揃《そろ》っていった。

日清・日露の両戦争による資本主義の進展とともに人口は都市に集中していくが、都市の住民たちは牛肉を食卓にとり入れていったようである。都市での西洋料理受容を伝える資料として貴重な、中川愛氷《なかがわあいひょう》の『四季の台所』（一九一〇年）には、「軽便《けいべん》なる西洋料理」として、「スープ」「ポテートコロッケー」「ハムサラダ」「キチンカレー」「ボイルドフィッシユ」「牡蠣《かき》フライ」「キャベツ巻」などとともに牛肉を使った料理が幾種類か載《マ》っ《マ》ている。「ビーフステーキ」「タヽキビーフステーキ」「ボイルドビーフ」もあった。(102)「軽便」というからには、日常の食生活のなかでとり入れていたのであろう。

中川愛氷の例は『日本食物史』で述べられているものであるが、『日本食物史』は続けて、京都で薬・砂糖・食料品・化粧品などを扱う商家に嫁いだ女性の日記のなかの料理を概観する。その日記には、その女性が義妹とともに通う「西洋料理のおけいこ」で、毎月第一土曜日は「ビーフの会」だったことも記《しる》されている。これら二つの例をみたあと、『日本食物史』は、「都市の町民生活のなかに少しずつ西洋からの食材や食品が入り込んできている様子を示唆してくれる事例」であると結論づけている。(103)『日本食物史』が言及する東京と京都の二つの事例は明治末から昭和初期にかけてのことであった。

先に私は、子ども時代を過ごした一九七〇年代の新潟県の農村部では、肉を食べることがきわめて稀《まれ》であったといった。この経験からすると、明治以降の肉食と西洋料理の浸透の歴史は同じ日本の話だとは思えないのである。

個人的感想にとどまることなく、さらに歴史的資料を紐解《ひもと》いてみよう。大正から昭和初期にかけての食生活をその地域の人々から聞き書きした『日本の食生活全集』（一九八四〈昭和五九〉―一九九三〈平成五〉年）の新潟県版と東京都版をみてみる。新潟県版では、私が生まれ育った地域に近い、「魚沼の食」をみる。

冬から始まる。「男衆」は雪道踏み、屋根の雪堀り、雪運びの毎日である。「女衆」はくず米の粉をこねて「あんぶ」というお団子《だんご》のような料理を作る。この「あんぶ」や、米に大根を混ぜて嵩増《かさま》しした「かて飯」、お湯漬け、雑炊《ぞうすい》が主食となることが多い。その地域では「年とり」と呼ばれる一月《ひとつき》遅れの大晦日には、「白いまんま」と「年とり魚」と呼ばれる「塩引きさけ」の「ごちそう（本文では方言を使って「ごっつお」と表現）」を食べる。春は山菜の季節。乾燥しまたは漬物にして冬のために蓄《たくわ》えておくものもある。夏の端午《たんご》の節句、愛染《あいぜん》祭り（寺の愛染明王《みょうおう》のご開帳《かいちょう》）、盂蘭盆《うらぼん》には、「笹もち（もちを笹にくるんで腐りにくくする）」「三角ちまき（ちまきを三角形に成形、きな粉と砂糖醤油で食べる）」、そうめん、もちなどの「ごちそう」が出る。秋の「かて飯」はさつまいもで、大根のかて飯よりもおいしい。

この聞き書きのなかに、肉は一度も出てこない。魚は、晴れの日に食す塩鮭、夏には川でとれる「あゆ」などの川魚である。海の魚は食べない。(104)

東京版はどうだろうか。「下町の食」「大森海岸の食」「水郷・葛飾の食」「武蔵野台地の食」「多摩川上流の食」「奥多摩山間の食」「島〈伊豆大島〉の食」もあるが、東京らしさ——自給自足ではない生活——が最もよく表れていると思われる「山の手の食」をみる。

冬には、「寄せなべ、どてなべ、湯豆腐、おでん（中略）、すき焼き」などのなべものを囲むことが多い。旬の魚は寒ぶり。照り焼きにする。冬の野菜の聖護院《しょうごいん》大根はふろふき大根やおでんにする。朝、昼、晩の三食、白いご飯を食べる。春は、たけのこをふきと一緒に煮たり、鶏肉と一緒に炊き込んでたけのこごはんにしたりする。早朝、あさりやしじみを「振《ふ》り売り（かごなどを天秤棒《てんびんぼう》の両端に結びつけて売り歩く）」から買い求めて、味噌汁にする。いわしの丸干しやさわらの塩焼きも食べる。夏には、夏バテしないよう、どじょう、うなぎ、天ぷらを食べる。暑い日は冷やそうめんやそばにする。秋といえばまつたけ。まつたけごはん、茶碗蒸しなどにして楽しむ。栗ごはん、きのこごはん、さんまの塩焼きもおいしい。

すき焼きは「少しごちそうに」と思う冬の夕食として作るそうだ。牛肉、糸こんにゃく、焼き豆腐、ねぎが具材である。その他の肉料理としては、「豚肉を使ったこぶ巻き」「ロールキャベツ」「ライスカレー」が載っている。ロールキャベツもライスカレーも牛肉を使用している。(105)

新潟の「魚沼の食」は特定の人からの聞き書きではないが、東京の「山の手の食」の聞き書きには、話し手の詳細が記されている。消防署勤務の夫と二人の子どもをもつ、一九〇九

（明治四二）年生まれの女性である。格別富裕層《ふゆうそう》ではない。

「魚沼の食」と「山の手の食」との大きな違いは、「山の手」では白米を常食《じょうしょく》としていることと、肉を食べること、魚や肉は「晴れの日」の特別料理ではなく日常の食事であることである。渡辺実《わたなべみのる》は『日本食生活史』において、「明治・大正時代には洋風の食生活が上下に普及したとはいっても、それは上・中流階級や都市や町の人々だけであって、農民階級の大多数はあまりその恩恵をうけていなかった(106)」と指摘しているが、この事実は、明治・大正のみならず、『日本の食生活全集』が記《しる》すように、昭和初期にもあてはまる。さらには、私の経験から鑑《かんが》みても、昭和の前半——一九七〇年代くらいまで——においてもその事実に変わりはなかったと思われる。

私はこの節の冒頭部分で、「ビフテキとはこの時代にあって、どのような食べ物だったのだろうか」という問いを発した。農村部では肉はほとんど食べられなかったということはわかったが、「ビフテキ」は、東京の「山の手の食」にも言及されていない。

同じ肉料理のなかでも、すき焼きは、日本人に馴染《なじ》み深い醤油を使って肉を調理するという点において和風料理である。大正時代には「三大洋食」として定着したコロッケ、カレーライス、トンカツは三つとも日本化した料理である。

他方、ビフテキは、塊《かたまり》肉をそのまま焼き、ナイフとフォークを使って食べる洋風料理であるという点において、和食化されていない料理である。(107) すき焼きやトンカツとは異なり、日本人の食卓に最も馴染みが薄い肉料理であり、肉そのものをほとんど食べなかった農村部においては特にそうであったということは容易に想像できよう。

ビフテキが「贅沢な食べ物」であったことの例証として、『食に歴史あり』は二つの文学作品を引用している。一つは国木田独歩《くにきだどっぽ》（一八七一〈明治四〉―一九〇八〈明治四一〉年）の『牛肉と馬鈴薯《ばれいしょ》』(108)（一九〇一〈明治三四〉年）である。もう一つは、宮沢賢治《みやざわけんじ》（一八九六〈明治二九〉―一九三三〈昭和八〉年）の童話『オツベルと象』（一九二六〈大正一五〉年）である。『オツベルと象』のほうを詳しくみてみよう。

オツベルは、脱穀機《だっこくき》六台と百姓《ひゃくしょう》一六人を使う「大《たい》した」(109)（二頁）男だ。彼は昼食に「六寸《ろくすん》ぐらいのビフテキ」や「ぞうきんほどあるオムレツの、ほくほくしたの」を食べる（六頁）。ここだけをみると、ビフテキは「富裕」というイメージ、さらに、「六寸」という大きさ（一寸は約三センチなので、六寸は約一八センチ）からは、「食欲」と「貪欲《どんよく》」というイメージが喚起《かんき》されるであろう。

あるとき、オツベルの小屋に白い象がやってきた。オツベルは知恵を働かせてその像を酷《こく》使《し》することに成功した。

象は、「とてもきれいな、うぐいすみたいないい声《こえ》で」（一八頁）喋《しゃべ》る。動物が喋るのは宮沢賢治の話のなかではお馴染みである。それが何を意味しているかというと、「動物も人間も、自然のなかでの生き物として、まったく対等な位相にたって(110)」いるということである。『注文の多い料理店』（一九二四年）におけるように、「人間が食物連鎖のなかで食べられるもの(111)」に転ずることも十分可能であるということだ。オツベルには、人間の言葉を話す象を奴隷にし、優越的立場から命令を下す権利などないのである。

この童話全体の文脈を考えてみたときに、オツベルが「六寸ぐらいのビフテキ」を食べることは、「食欲」を表象するというよりは、食物連鎖《しよくもつれんさ》において自分が上に立つために、対等な立場にある動物を「殺戮《さつりく》」するという意味を帯びてくる。オツベルがビフテキを食べる姿は、牛を殺して食べる姿だ。同様に、「オムレツ」を食べることは、鶏から卵を盗んで食べる行為となる。

ビフテキとは、このように肉の「肉性」を前面に押しだした食べ物であるといえよう。

この節では、『陽のあたる坂道』におけるビフテキの記号性を分析するために、肉さらにビフテキの日本社会における位置づけを考察した。明治以降の日本において肉食は浸透していったが、地方の農村部では肉は常食ではなかったという事実を知ると、都会と地方の農村部とでは西洋料理また肉料理の浸透の速度に大きな違いが存在していたことが了解される。

さらに、肉料理のなかでもビフテキは特別に贅沢な料理として認識されていたのである。『陽のあたる坂道』において、ビフテキが「パンとサラダとベーコンエッグ」の領域にあることを論証するために長い回り道をした。論証はさらに続けられなければならない。

次の節では、「洋食」の一つである「トンカツ」が「ビフテキ」とは反対項であることを示したい。『陽のあたる坂道』では「トンカツ」も登場するからだ。同じ肉料理でありながら、対照的な記号性を所有しているという結論が得られるであろう。

五 『陽のあたる坂道』における「トンカツ」

みどりとくみ子は銀座のレストランでビフテキを食べたあと、まっすぐ家に帰ってきたが、雄吉はたか子を誘ってバーに行く。雄吉はハイボール、たか子はジン・フィーズを飲む。おつまみは「ソーセージとセロリー」（一〇九頁）であった。

セロリといえば、若大将のサラダにも盛りつけられていた西洋野菜である。また、『きょうの料理』一九五九年三月・四月号の「西洋野菜とその使い方」（五五―五六頁）のなかでも、レタスやクレソンとともに説明がほどこされていた。この時代にあっては説明がなければよくわからない野菜であったのだ。

たか子は銀座のバーで雄吉に向かって、我知らず強い調子で信次のことを嫌いだと宣言する。たか子自身が自分の激しい感情に驚くのだが、それは、信次に惹《ひ》かれ始めていたたか子が、一見「気紛《きまぐ》れで、粗野《そや》」（一一三頁）な信次を好きなはずはないと自分自身に否定したい気持ちの表れであった。

くみ子は、ジミー・小池というジャズ歌手のファンである。たか子はくみ子に連れられて、ジミーの歌を聞くために、ジャズ喫茶を訪れた。そこで彼女は、ジミーが自分と同じアパートに母親と一緒に住む高木民夫《たかぎたみお》だということを知って驚く。くみ子とすっかり意気投合《いきとうごう》したジミーは、二人に夕飯をごちそうするという。それが「トンカツ」（一三五頁）であった。

一章で述べたように、「トンカツ」は映画『お茶漬の味』において、茂吉《もきち》が、戦死した友人の弟の岡田《おかだ》に誘われて食べたものでもある。『お茶漬の味』では長野県出身の茂吉と大磯《おおいそ》のお嬢様である妙子《たえこ》が対照関係にあることを指摘した。田舎と都会、もしくは階級の違いが、お茶漬けとお茶漬け嫌いとして表象されていた。その構図のなかで、岡田は茂吉の側に属する人間である。

妙子の側に無理やり引き寄せられていた茂吉であったが、岡田によってパチンコや競馬やトンカツに誘われて、しばしほっとするのであった。茂吉のそうした心情は明確にセリフとして表されているのではない。しかし、パチンコ屋で、戦争を共に戦った盟友《めいゆう》（笠智衆《りゅうちしゅう》）に出会ったことは、茂吉が自分自身の領域に戻ってきたことを象徴している。家にいるときの茂吉は、一人で書斎で仕事をしているか、女中の給仕で一人で食卓に向かっているか、どちらかである。パチンコ屋では、友人たちと懐旧《かいきゅう》の情を交わしながら、笑顔をみせていた。茂吉には珍しいことであった。

トンカツは、大正時代に都市の庶民の間に浸透した三大洋食――コロッケ、カレーライス、トンカツ――の一つである。

コロッケがおかずの定番となったことは、「きょうもコロッケ、あすもコロッケ」という歌詞で有名な『コロッケの唄』（一九一七〈大正六〉年）に表れているとされるが、この歌に対する庶民の反応は、実は、さすがは大金持ち、毎日のおかずがコロッケとは「豪儀」であるというものであったそうだ。この歌の作者は、三井物産の創始者の益田《ますだ》孝《たかし》男爵の御曹司《おんぞうし》、益田太郎冠者《ますだたろうかじゃ》（一八七五〈明治八〉―一九五三〈昭和二八〉年）であった。(112) 益田のような富裕層にとっては、市場で買って食卓に並べるだけの簡易な料理であるコロッケは、手抜きだと感じられたのであろう。

大正から昭和初期にかけて、コロッケと同じく、トンカツも決して安いわけではなかった。一九三三（昭和八）年二月九日の新聞に京橋の「とん京」という店の広告が載っている。「東京名物」と称して、おでん、トンカツ、焼き鳥が並んでいる。おでんが五銭、やき鳥が一五銭に対して、トンカツは四〇銭である。ということは、おでんが五〇〇円だったら、トンカツは四〇〇〇円だったというわけだ。決して日常的に食べることができる料理ではなく、すき焼き同様に、また、コロッケ同様にごちそうだったのであろう。

それにもかかわらず、ビフテキが「贅沢」という記号をまとったのとは異なり、トンカツが「庶民性」という記号をまとったのは、フランス語の「コートレット（côtelette）」また英語の「カットレット（cutlet）」を語源としながらも、料理そのものは和風料理であることに起因《きいん》するからである。[113] さらに、以下で述べるように、豚の屠殺《とさつ》数が増えたことで豚肉の値段が下降したことが、一九二〇年代以降におけるトンカツ屋の急増につながった。トンカツが庶民にとって身近な料理になっていた歴史的経緯をみてみよう。

明治の肉食解禁が牛鍋から始まり、当初は「ポークカツ」と特に指定しなければ「ビーフカツ」が出てくるほど[114]、肉といえば牛肉であったにもかかわらず、豚肉のトンカツが庶民のおかずの定番になっていくのは、富国強兵《ふこくきょうへい》を掲げた明治政府が兵食《へいしょく》に牛肉を採用したことで、牛肉の供給が需要に追いつかなかったことが遠因であった。

前節でも引いた『日本食物史』には、牛と豚の「屠殺頭数累年《るいねん》比較」のグラフがある。一九〇二（明治三五）年までは牛の屠殺頭数が上回っているが、日露戦争（一九〇四〈明治三七〉―一九〇五〈明治三八〉年）を経た一九〇七（明治四〇）年、豚が牛を追い越す。一九一二（大正二）年には再び牛が追い越すが、一九一七（大正六）年以降、豚の屠殺頭数は牛のそれをはるかに引き離していく。牛の屠殺頭数は一九二二（大正一一）年から一九二五（大正一四）年にかけて減少する。(115)

豚の屠殺数増加は、豚肉の価格に反映された。一九二二年に豚肉三七五グラムの小売価格は一円一〇銭、牛肉同量の小売価格は一円六〇銭、一九三〇（昭和五）年には豚肉が七三銭三厘、牛肉が一円四二銭五厘、一九四〇（昭和一五）年には豚肉が九四銭二厘、牛肉が一円四八銭三厘であった。(116)牛肉は豚肉の約一・五倍の価格になったのであった。

豚肉が牛肉よりもはるかに安価になったころ、上野にトンカツ屋「楽天」を開店した人に野寺助松がいる。彼のインタビュー記事が、読売新聞一九六五（昭和四〇）年九月二十八日から十月六日の朝刊に「とんかつ由来」（「東京百話」シリーズ）として九回にわたって連載された。

「助松さん」は、「上野に店を開いて三十五年間、とんかつひとすじに生き抜いてきた」（九月二十八日版）人だ。ということは、開店は一九三〇（昭和五）年ということになる。助松さんが北海道石狩《いしかり》の生家をあとにして上野駅に降り立ったのが、大正三年、十六歳の春であった。仕事を転々としたあと、三田の洋食店に勤める（以上、九月二十九日版）。その店長に「ひとり立ち」することの重要性を教わった（九月三十日版）。資金がたまり、場所探しに上野を歩いていると、トンカツ屋が目に入ってきたが、まだ二軒しかない（十月一日版）。「ブタ肉がダイコンと同じくらいに安かった」時代だったそうだ（十月三日版）。

食文化史研究家・岡田哲《おかだてつ》の『とんかつの誕生』によると、銀座の「煉瓦亭《れんがてい》」が刻み生キャベツ付きのトンカツの前身を売りだしたのが一八九五（明治二八）年、浅草の「河金《かわきん》」が「かつカレー」を売りだしたのが一九一八（大正七）年、早稲田高等学院の学生の中西敬二郎《なかにしけいじろう》が「かつ丼」を創りだしたのが一九二一（大正一〇）年、上野の「ポンチ軒」の島田信二郎《しまだしんじろう》が分厚《ぶあつ》い豚肉を揚げたトンカツを売りだしたのが一九二九（昭和四）年である。(117)

ポンチ軒は、「助松さん」が上野で見たトンカツ屋二軒のうちの一軒でもあった。

データベース「ヨミダス歴史館」を「トンカツ」と「ビフテキ」というキーワードで検索し、一九六〇年までみてみた。大きな違いは、トンカツのほうは、店の広告が多いこと、それに対してビフテキのほうは、一九三〇年くらいまでは作り方の説明が多いことである。詳しくみてみよう。

「トンカツ」の初出は一九〇八（明治四一）年四月十三日、「その日その日　素人料理帳」で作り方の説明がなされている。薄切り肉を少しの油で揚げ焼きし、トマトソースをかけて食べる、西洋式の「ポークカツレツ」である。その後、広告としては、トンカツ屋「梅林《ばいりん》」が一九三四（昭和九）年から一九四一（昭和一六）年までの間に八回、戦後になって、一九五六（昭和三一）年から一九五八（昭和三三）年までの間に一一回、出している。一九三四年の最初の広告では、銀座七丁目にあったが、一九三六（昭和一一）年には銀座七丁目と四丁目に支店を二つ出している。その広告では、「特ランチ」が二五銭とある。先にあげた一九三三年の「とん京」広告では、トンカツは四〇銭だったが、この三年間でかなり安くなったようだ（違う店なので、一概に比較はできないが）。

二五銭が妥当な値段かどうか、豚肉と牛肉の小売価格をもとにして考えてみよう。一九三六年、牛肉三七五グラムが一円三六銭二厘だったのに対し、豚肉は五八銭二厘だった。(118) 一枚のトンカツを作るのに、現在の料理本を参照すると、一五〇グラムの豚肉を使うものが多いようだが、ここは便宜上、三七五グラムを三で割って、一二五グラムとする。そうすると、当時、一枚のトンカツを作るのに、材料費は五八銭二厘を三で割った一九銭四厘だったことになる。豚肉以外の材料費は入れていない。逆に豚肉を大量に仕入れることで安くなることも考慮に入れていない。細かい計算をするのは不可能なので、かなり大雑把《おおざっぱ》ではあるが、少なくとも、ランチ二五銭が妥当な値段であったことは了解されるであろう。

さて、「梅林」は戦後一九五六年には店舗を六軒まで増やしている。「梅林」以外では、三ノ輪の「カフェートンカツ」と新宿三越前の「舞鶴《まいづる》」の広告の多さが目立つ。これで何が導きだせるかというと、トンカツ屋が増えていたという単純な事実である。

トンカツは庶民にとって馴染み深い料理となっていったのである。

六　『陽のあたる坂道』における「石焼き芋」と「ラーメン」

田代家の誰かの主導によってメニューが決まるときとは異なり、たか子が自分で選んだ食べ物として作品のなかに現れるのが、石焼き芋である。田代家からの帰り道、雄吉と遭遇し、二人で散歩することになったたか子は、「石焼きいもの屋台車」が横切るのを見て、「私、あれを食べて、どこかでコーヒーを飲んで……それからお伴《とも》しますわ」（一八六頁）と言う。そして「残った石焼きいも」を「つぶれないように」（一八九頁）鞄の中につめこんだ。それを「感心したように」見ていた雄吉は、「この子は適当にケチンボで、世帯持ちがいいんだナ」（一八九―一九〇頁）と思うのであった。

さつまいもは、戦中や戦争直後には米の嵩増《かさま》しのために使われたように、安価で手軽に手に入る野菜だった。江戸時代に遡《さかのぼ》れば、石見《いわみ》（島根県）の代官・井戸平左衛門《いどへいざえもん》（平左衛門は通称、本名は正明《まさあきら》、一六七二〈寛文一二〉―一七三三〈享保一八〉年）は、一七三二（享保一七）年、享保《きょうほう》の大飢饉《だいききん》に際して、さつまいもの種を薩摩《さつま》からとり寄せ、栽培を促進した成果によって、「芋代官《いもだいかん》」と呼ばれるようになった。[119] このことからもわかるように、さつまいもは日本においては古くから「救荒《きゅうこう》食物（飢饉や災害などのために備蓄される、または、その際利用される食物)」であったのである。
日本資本主義が急速に伸張《しんちょう》した日清・日露の両戦争間には、「女工」や「職工《しょっこう》」などの下層労働者が生みだされるのと同時に、都市部には「貧民窟《くつ》」が形成された。そこでは、「残《ざん》飯屋《ぱん》」が人々の胃袋を満たしたが、残飯の代わりにさつまいもが食されることもあった。その結果、焼き芋屋が一九〇五(明治三八)年時点の東京市ではおよそ一三〇〇軒もあったそうである。[120]
たか子は石焼き芋を鞄にしまい終えた。雄吉は、たか子が田代家に来たことは「小さいが明るい太陽の光りがさしこんだようなもの」だと、愛の告白ともとることのできるセリフを口にする。たか子は、その言葉に対して、同じ比喩表現を繰り返しながら冗談交じりに「石焼きいもが好きな太陽」(一九五頁)と答える。
たか子は田代家の二人の息子に求愛されるのだが、将来有望な医師(この時点ではインターン)の雄吉ではなく、画家修業中の信次を選ぶ。彼女は二人を前にしてその理由を長々と説明する。雄吉と一緒のときは「自分が下らない女であることを見ぬかれないようにし、しょっちゅう気を張って」いたが、信次と一緒にいると、「酔うような動物的な幸福感に浸っていること」(五五八—五五九頁)がしばしばあったということだ。雄吉と一緒のときに石焼き芋を食べたという行為には、緊張感をほぐし、自分の領域に取り込もうという無意識が働いていたのだ。雄吉の領域には存在しない石焼き芋を通じて、彼の領域に引き込まれないよう、結界《けっかい》として作用させようとしていたのである。

同じ原理は『お茶漬の味』にもみることができる。一章で触れたように、妙子の姪の節子《せつこ》は、「お父様のスウェーデン時代の書記官」と見合いをさせられるが、そのことに反発を感じ、歌舞伎座から逃げだしてくる。茂吉の家に行くと、偶然、岡田（茂吉の戦友の弟）がいた。岡田に連れられて競馬場に行き、それからパチンコにも初挑戦する。茂吉は先に家に帰るが、親と顔を合わせたくない節子は岡田と一緒に中華屋でラーメンを食べる。

節子は、もともと〈反・お茶漬けの領域〉に属していたのだが、その世界に居心地の悪さを感じていたことは、妙子が女友達と茂吉の悪口を言うのを不快に思っていたことにも表れている。茂吉と岡田が属する〈お茶漬けの領域〉に魅力を感じていたのだ。そのことが、ラーメンによって表象されているのである。

食べなれないラーメンを「おいしい」と言いながら食べる節子を、岡田は温かい眼差しで見守る。恐らく、〈パンとサラダとベーコンエッグの領域〉では、岡田は節子を優しく見守る余裕をもたないだろう。ラーメンが自分自身の領域だからこそ、慣れない領域に身を投じている哀れな節子を愛おしく感じることができるのだ。ラーメンを通じて自分自身に近づいてきてくれていることを直感したからだ。

最後に、この節で論じた食べ物を二つの領域にまとめてみよう。一方には、「パンとサラダとベーコンエッグ」と「ビフテキ」の領域がある。他方には、「トンカツ」と「石焼芋」と「ラーメン」の領域がある。前者は〈反・お茶漬けの領域〉であり、後者は〈お茶漬けの領域〉である。『陽のあたる坂道』において前者の食べ物はたか子にとってごちそうと映ったが、後者の食べ物を口にするとき、彼女はより自分らしさを発揮できた。それは、外面を大事にする雄吉ではなく、内面に光り輝くものをもつ信次を選んだことにも通ずる、一貫して彼女のなかに流れる信念であろう。

『お茶漬の味』において、妙子は茂吉を〈反・お茶漬けの領域〉に引き込もうとしていたのだが、最後には〈お茶漬けの領域〉の住人となる。心の深い部分では茂吉を愛していたからだ。

これら二つの作品において、〈お茶漬けの領域〉もしくは〈トンカツの領域〉のほうが価値あるものとして提示されていることは、解釈によって導き出されるものだ。

次の章では、テレビドラマ『女と味噌汁《みそしる》』（一九六五〈昭和四〇〉―一九八〇〈昭和五五〉年、TBS系列、平岩弓枝《ひらいわゆみえ》原作）をみるが、ここにおいては、解釈を待たずとも、〈お茶漬けの領域〉もしくは〈味噌汁の領域〉が圧倒的な価値をもって、〈サラダとパンの領域〉を駆《く》逐《ちく》する。時代が下ったせいであろうか。または、茶の間で家族で見るテレビドラマの特色であろうか。いずれにせよ、「おふくろの味」が勢力をもつ様子が明らかな形で目の前に現れるのである。

五章　「サラダ」と「パン」と、『女と味噌汁』

一　パンの記号性と日本人のパン嫌い

前章でみたように、一九五〇年代後半から一九六〇年代において、「パンとサラダとベーコンエッグ」は一つの記号として機能していた。「和食」との対比構造のなかでは特に、その記号性の輪郭《りんかく》を顕《あらわ》にすることは、『陽《ひ》のあたる坂道』（一九五七〈昭和三二〉年）における「食」をめぐる二つの領域の考察で明らかになったかと思う。『陽のあたる坂道』において、「パンとサラダとベーコンエッグ」が供《きょう》される食卓は、「都会」の「富裕」な階級の「洗練された」食卓であることが示唆されていた。

『光る海』（一九六二〈昭和三七〉年十一月―一九六三〈昭和三八〉年十一月、朝日新聞に連載、一九六三年、新潮社から単行本）においても、会社社長の矢崎《やざき》と外交官の娘だったその妻が軽井沢の別荘で珍しく朝寝坊した朝に食すのは、「グレープ・フルーツ、トーストパン、オムレツ、紅茶」[121]などであった。この作品においては、〈お茶漬けの領域〉と〈反・お茶漬けの領域〉――〈和食の領域〉と〈洋食の領域〉――は対比的構造を形成してはいない。主人公たちは皆、富裕層であるから、ごく普通にこのようなメニューを食し、外側から来た誰かがそれに驚くことはない、というのが主な理由であろう。[122]

『陽のあたる坂道』において最終的に選択されたのは〈和食の領域〉であった。このことは、日本社会が和食を再発見し、同時に「おふくろの味」に価値を付与《ふよ》していく過程を象徴的に表しているのである。

和食が再発見されたとき、一時《いっとき》もてはやされた洋食が、日本人にとって決して最善の選択ではないということがわかるのだが、それは、洋食のすべてがはじき出されることを意味しない。『陽のあたる坂道』において、たか子が、「パンとサラダとベーコンエッグ」を常食とする田代家の長男・雄吉《ゆうきち》の求愛を断ったことは、彼女が「パンとサラダとベーコンエッグ」を嫌うことには直結《ちょっけつ》しない。彼女は焼き芋を食べるとほっとする。しかし、彼女はこれからもビフテキやサラダやパンを食べることも楽しむであろう。

「サラダ」と「パン」はその後の日本社会でどのような運命を辿《たど》ったのだろうか。「パン」はしばしば「パン」対「ご飯」の対照的思考法のなかで否定的なニュアンスとともに論じられたが、「サラダ」は他の何かと比較されて、「サラダ」対「〇〇」という対決を強《し》いられはしなかったようだ。本章の四節以降では、テレビドラマ『女と味噌汁《みそしる》』をみるが、そこには、若い女性がサラダを盲信《もうしん》する様子はしばしば否定的に描かれる。しかし、「サラダ」が日本社会において完全に否定されることはなかった。現代では、サラダは日本人の食事に欠かすことのできないものとしてその地位を確立しているように思われる（そういう意味では、パンも今や日本人の食生活のなかで確固たる地位を占めている）。

三章と四章では「サラダ」に注目したが、この章では「パン」に注目することによって、一九六〇年代から一九七〇年代にかけての日本社会がどのように変遷していったのかをみることにしよう。

『陽のあたる坂道』の田代家での「パン食」は昼食、『光る海』の矢崎家での「パン食」は朝食、『大学の若大将』では明確ではないが、とにかく腹が空いていたときの食事であった。朝食であれ、昼食であれ、「パン食」が洒落《しやれ》ている、またはごちそうだというイメージを与えることに変わりはなかった。

一九七〇年代になっても、パンを朝食にすることが「お洒落」いう記号性を帯びていたということは、読売新聞紙上で特集された「お茶の間論壇　コメ派・パン派」（一九七四〈昭和四九〉年九月二十二日）に載《の》った金沢市の二十代の女性による次の投稿からもみてとることができる。

結婚前、私は三食がパンでもOK、というくらいのパン好き。主人はというと、みそ汁とつけ物が大好物のコメ派。

あれは新婚二か月目のこと。時にはハイカラにと朝食をパンにした。トースト、紅茶、それにプレーン・オムレツが献立。彼はテーブルの上をながめながら「なんだパンか。ごはんにみそ汁がなければ食べた気がしない」。ケチをつけ終わると、紅茶をひと口飲んだだけで出勤してしまった。

それから四年間、主人と一緒の時は一度もパンにしたことがない。「どんなひどいおかずでもパンに紅茶よりもましだ」だって――。


この投稿に表れていることは二つある。パンの朝食が「ハイカラ」であるという妻の考え方と、パンを食べたがらない夫の傾向である。

この特集では、同じような内容の投稿がやはり二十代の女性からなされている。彼女は結婚するまでの五年間余り会社勤めをしていたが、そのころの朝食は必ずパンとコーヒーだったという。しかし、この年の二月に彼女曰く〝純ナマ〟の日本人と結婚して以来、朝食はご飯、みそ汁、おしんこ、というメニューになったそうだ。あるとき夫の友人宅で朝食をごちそうになった。その家では、夫はご飯、妻はパン、という別々のメニューだった。いつかパンの朝食を夫に主張しようと思いつつ、「ご飯にみそ汁はやっぱりいいな」という夫の言葉に思わずうなずいてしまうそうだ。

この特集を読む限りでは、男性のほうが圧倒的に米派である。ある四十歳の独身男性は、ご飯だとおかずが必要だが、パンだとコーヒーか牛乳があればよいから、「手間をはぶくため、パン食を強いられている亭主族が多いようである」と観察している。そしてそれを「女房族の怠慢」「亭主族の権威失墜の象徴」であると憤慨《ふんがい》している。

二　戦後の「粉食運動」とパン食の定着

戦中・戦後またはそれ以前からの米不足を考えると、前節でみた「お茶の間論壇　コメ派・パン派」は実は贅沢《ぜいたく》な議論なのであった。日本人は長い間米を渇望《かつぼう》しながらもパンを食べさせられていた。今や、米かパンか選ぶことができるのである。

「お茶の間論壇　コメ派・パン派」から三年を経た一九七七（昭和五二）年九月二十九日、「食べる〈21〉変革の30年」という記事は、「夢のよう米過剰時代」という見出しから始まっている。

「戦後三十年、これほどまでにパンが食卓に定着して、肉、牛乳、乳製品の消費が増え、米が余る時代がやってくるとは夢にも思いませんでしたね」。戦後の食糧難から三十年代の米不足時代にかけて、食糧確保や、栄養改善運動に取り組んでいた関係者は、口々にこういう。

この記事と他の記事、さらに、斎藤美奈子《さいとうみなこ》の『戦下のレシピ――太平洋戦争下の食を知る』を参照しながら、戦後の米とパンの歴史を簡単に振り返ってみよう。

一九四〇（昭和一五）年、国民精神総動員《せいしんそうどういん》運動の一環《いっかん》として「節米《せつまい》運動」が始まった。雑誌などで提案された節米方法は主に三つあった。①増量法――ご飯にさつまいも、じゃがいも、里芋などの芋類や、大豆、小豆《あずき》、卵《う》の花などの豆類、とうもろこしや押し麦などの米以外の穀類を混ぜる。②代用食――パン、麺類、「すいとん」や「だんご」など、ご飯以外のものを主食にする。③献立法――「いも、かぼちゃ、穀類など、満腹感のあるおかずを献立に取り入れる[123]」。

「代用食」としてのパンの推奨《すいしょう》、すなわち「粉食《ふんしょく》運動」は、官民揃《かんみんそろ》って日本国民の食生活そのものを変革しようとした一大運動であった。一九四四（昭和一九）年には、六大都市で実施された学童給食はなるべくパンにするようにという指令が、当時の農商省から出された（六月二十八日「夏の学童給食　なるべくパンで　お米支給も差支なし」）。あとでも述べる、連《れん》合国総司令部《ごうこくそうしれいぶ》から供給されていた小麦を消費することが目的だった。「お米支給も差支なし」とあるのは、小麦を消費することができれば、米を児童にもって帰らせても差《さ》し支《つか》えはないという意味である。一九四五（昭和二〇）年十二月には、農相が「一回はパン食に」と宣言し、粉食の徹底化《てっていか》をはかった（十二月五日「一回はパン食に　農相答弁　粉食の徹底化」）。

キャッチフレーズとしては、「一日一回粉食を」の他に、「米なしデーを作りましょう」「米は塩を運ぶ車、パンは油、たんぱくを運ぶ車」、さらには「米を食べるとばかになる」というのもあった（「食べる〈21〉変革の30年」）。

戦争で米の供給量が不足したことが明らかな理由ではあるが、なぜここまで米を貶《おとし》め、パンを奨励《しょうれい》しなければならなかったのだろうか。

戦後、連合国総司令部を通じて入る食糧が、「小麦粉、トウモロコシ粉、生大豆粉、グリーンピースなど」だったこともある。輸入していた外米《がいまい》[124]が小麦の二倍以上の値段だったこともある。さらに、昭和二〇年代末のアメリカで小麦が過剰になり、日本がその市場にされたという事情もある（「食べる〈21〉変革の30年」）。

日本国民がパンを食べるよう強く促《うなが》された理由はそればかりではなかった。戦前から日本は慢性《まんせい》的に米不足だったのだ。主な原因は、日本人が驚くほどの米を食べていたことにあった。米の消費量が最大だったのは、一九二一（大正一〇）年から一九二五（大正一四）年である。年間消費量は一二〇〇万トン、一人あたりにすると、約一石《こく》一升《しょう》（約一五二キロ）だった。一日にすると、一人約三合ないし三合半食べていたことになるそうだ。茶碗《ちゃわん》にすると九杯から一〇杯であった[125]。

日本人は長い間、少しのおかずで大量のご飯を食べてきたのである。

四章でビフテキを論ずるなかで、新潟県の魚沼《うおぬま》地方の食をみたが、大正から昭和初期のこの地方では、「かて飯」と呼ばれる嵩増《かさま》ししたご飯、雑炊《ぞうすい》、「あんぶ」というおだんごなどを主食とし、魚があれば「ごちそう」であり、肉が食卓にのぼることはなかった。「かて飯」を常食とした時代と場所においては、とにかく白いご飯さえあれば、それだけで十分ごちそうだったのだ。

ご飯を大量に食べる食生活がビタミン不足を招くという指摘は昔からなされてきた。早くも、一九〇八（明治四一）年には、「脚気《かっけ》は変質《へんしつ》したる米《こめ》の急性慢性《きゅうせいまんせい》の中毒《ちゅうどく》」であるという所見《しょけん》が紙面上で報じられている（七月二十一日「米と脚気」）。

昭和前半までは普通だったと思われる、ご飯、味噌汁、漬物という献立では、脚気の原因のビタミン不足を改善することはできない。パン食だと、バターを塗り、牛乳とともに食べる。そのため、パン食のほうが栄養価が高いと考えられたのである。

このように、長い年月にわたるパン食普及の努力の甲斐《かい》あって、この節の冒頭でみた記事における発言――「夢のよう米過剰時代」――に至ったのであった。

三　お米党が3分の2

パン食は日本に定着した。しかし、一節でみた「お茶の間論壇　コメ派・パン派」（一九七四〈昭和四九〉年九月二十二日）における特に男性たちの米好きをどう理解したらよいのだろうか。

一九五七（昭和三二）年九月二十九日「主食の消費構成　米中心に逆もどり（連載）」には、「二年連続の豊作は、戦争の生んだ良い習慣である粉食の普及を阻止した」とある。ここには、昭和九年から一一年、昭和二六年、昭和三一年度の三つの時代区分における、「内地米」「外米」「小麦」「大麦」「裸麦」の消費量のグラフがある。それをみると、小麦、大麦、裸麦の消費量は、昭和二六年には全体の三一・〇一％、昭和三一年度には全体の二六・三三％、内地米の消費量は、昭和二六年には六三・一九％、昭和三一年度には七〇・九五％となっている。麦の消費量が減って、日本米の消費量があがっているのである。

記事のなかでは、「パン食は一年一人当り五・一キロと二十六年当時の半分に減少してしまった」と書いてある。

この記事に先立つこと七年、一九五〇（昭和二五）年八月二十八日、「未だ慣習抜けきれぬ　生活はどう改善すべきか　本社世論調査　お米党3分の2」においては、断然米党が多いという世論調査の結果が報告されている。この調査は、「あなたは食生活をどう改善したらよいと思いますか」という質問に対して、「米食がよい」「パン（粉）食を加味せよ」「パン（粉）食にせよ」「わからない」の四種類の選択肢から選ぶという形式で行われた。その結果は次のようである。

米食がよい　六二・〇％
パン（粉）食を加味せよ　三二・七％
パン（粉）食にせよ　三・〇％
わからない　二・三％

記者は、米食を好む国民が多いことに驚く代わりに、むしろ、「パン食加味の食生活をまる五年の経緯を通して今では積極的に是認しようとしている」人々が3分の1もいることを、ある種の感慨をもって受けとめている。「まる五年」とは、前節で述べた、一九四〇年に始まった「節米運動」から五年が経ったということである（ただし、節米運動は一九四〇年から始まり、この記事の世論調査は一九五〇年のため、正しくは「まる十年」かと思われる）。十年間、パンを食べることを余儀なくされてきた日本国民は、それに慣れてきた。その状況を示すのが、「パン（粉）食を加味せよ」と「パン（粉）食にせよ」を選んだ三五・七％という数字に表れているのである。[126]

しかし時代が進んでも、この数字が伸びていったわけではないということは、先にみた、一九五七年の「主食の消費構成」の記事で明らかになる。米が豊作になり、価格が下がると、日本人は先祖代々食べなれた米に戻っていった。このことは、一節の「パンの記号性と日本人のパン嫌い」でみた、ご飯好きの男性たちが証明している。

そして、「米」へ向かって逆流する時の流れが「おふくろの味」を生みだしていったのである。

四　小説『女と味噌汁』の「視点」

男性たちがご飯を好む傾向があることをフィクションの世界で確かめよう。一九六五（昭和四〇）年から一九八〇（昭和五五）年という長い期間にわたってTBS系列で放映されたテレビドラマ『女と味噌汁』（平岩弓枝《ひらいわゆみえ》原作）においても、男性のほうが食においては昔ながらのスタイルを好むことがストーリーとともに描きだされている。

そのことを論ずる前に、この節では、小説『女と味噌汁』を文学的に分析する。「視点」のおき方が特異なので興味深い。パンやサラダではなく、味噌汁に高い価値がおかれていることを証明するにあたって、前提となる必要な議論である。

『女と味噌汁』の小説の文庫本の解説によると、『女と味噌汁』は、一九六五年、短編小説として『別冊小説新潮』（四月刊）に掲載され、同年六月二十日、TBSの東芝日曜劇場で放送された。この放送の評判が良かったため、その年の秋には第二話、翌年の一月には第三話、春には第四話という具合にシリーズ化されていった。このようにして、この解説が書かれた一九七九（昭和五四）年時点では、十四年間で三七話という「記録的な長寿番組」となっていったのである。(127)

このドラマが放送されたのは、私が四歳から十九歳にかけてである。十代後半になると、祖父母や両親と一緒にこのドラマを見ていた。芸者のてまり（室戸千佳子《むろとちかこ》）を演じる池内淳子《いけうちじゅん こ》のしっとりとしたお色気と、妹分の芸者・小桃《こもも》を演じる長山藍子《ながやまあいこ》の明朗快活《めいろうかいかつ》ぶりが印象に残っている。私にとって池内淳子といえば、「芸者」と「味噌汁」、長山藍子といえば、「お茶目《ちゃめ》で陽気な女性」というイメージが固着《こちゃく》してしまった。

『女と味噌汁』は一話完結型《いちわかんけつがた》である。今ではYouTubeで断片的《だんぺん》にしか見ることができないが、小説のほうはいつでも読むことができる。テレビドラマのほうを見たことがない人がこの小説を読むとつまらないと思うかもしれないが、テレビドラマを見ていた人間にとって、小説を読むことは、映像の記憶を蘇《よみがえ》らせるきっかけのような意味合いとなる。

小説はいかにもテレビドラマ向きである。視覚的にイメージさせる手法で書かれているのだ。別の言い方をすれば、登場人物の心情の詳細な分析はない。また、メタファーや様々な言辞《げんじ》を使って言葉の背後に多様なイメージを彷彿《ほうふつ》させることもない。

第一話の冒頭は次のようである。

> 男が目覚めた時、飯が炊けていた。
> 顔を洗い、髭《ひげ》を剃《そ》っている間に、白菜の漬物を切り、白子干《しらすぼし》に大根おろしをたっぷりかけたのが膳へ載った。[128]　（七頁）

ここから三頁にわたって、「男」（あとで桐谷広二《きりたにこうじ》という名前であることがわかる）が朝食に向かう場面が展開される。男は「こんなうまい味噌汁はじめてだ」（八頁）と言って、三杯もおかわりする。千佳子はその間、男のズボンにアイロンをかけている。

男の心情が描かれるのは、彼が千佳子の手に一万円札を渡すときである。「昨夜からの、女との時間を想うと」「（惜しくない……）」（一〇頁）と、男は思うのであった。

千佳子の心情が描かれるのは、男が彼女のアパートから去ったあと、「寝乱れたベッドからシーツと布団カバーをはぎとり」「ぬぎ捨ててある」浴衣《ゆかた》とともに洗濯機のなかに入れるときである（一一頁）。その浴衣は、千佳子が母の寝巻きを縫い直したものだった。男物の寝巻きを差しだすのは「興ざめ」である。かといって、自分のネグリジェや派手な浴衣を着せるのは悪趣味だ。「はにかんで差し出す地味な女ものの浴衣」が効果的だ（一二頁）と彼女は思うのであった。

小説の視点は千佳子におかれることが多いのだが、常に彼女にあるのではない。移動していくのだ。

このあと、千佳子は新宿に近い弁天池《べんてんいけ》の芸者屋「はなのや」に行くのだが、そこのおかみ・すが（山岡久乃《やまおかひさの》）を中心とするやりとりは千佳子の視点から描かれている。それゆえ、千佳子が行く前になされたかもしれない会話は記録されない。彼女が「はなのや」の敷居《しきい》をまたいだあと、彼女が目にし耳にした様子や会話のみが記録されるのである。

しかし、次のように、この場面の最後の文章の視点は千佳子からずらされている。すがの立場に寄り添いながらも、客観的な視点なのである。


すがの愚痴にも悪態にも、千佳子は言葉では一言も相槌《あいづち》を打たず、桜餅を食べながら表情の豊かな眼で、うなずいたり、考えてみせたり、笑ったり、見事な聞き手をつとめてすがを満足させた。

（一六頁）


作者は、登場人物たちの言動を描くことを中心としながら、時折その人たちの心情を説明する。登場人物たちの言動や心情を説明する作者の視点は固定的ではない。固定的ではないのだから、登場人物たちの心のなかに自由に入りこんでもいいはずなのだが、それはしない。あくまでも言動のほう、すなわち、言語化・視覚化された情報を中心とするので、心情に関する説明は最小限にとどめるという方針なのだ。

千佳子がシーツや布団カバーをはいでいたとき彼女の心のなかに入りこんでいた作者は、先の「はなのや」の場面でも千佳子に寄り添って描写することはできたはずだ。しかし、そうすると、千佳子は自分の相槌のうまさに対して意識的な女になってしまい、その結果、嫌《いや》みな女として表象されてしまうだろう。

作者は視点をずらすことによって、千佳子が聞き上手ないい女であることをさりげなく表現したかったのだ。

つまり、この小説が主眼とするのは、千佳子を魅力的な女性として描くことにあるのである。そして、彼女の魅力は、他の人々の発言と心中の言葉、そして稀《まれ》に彼女自身の心中の言葉を通して描きだされる。

彼女は小説のヒロインとしてふさわしい感情の機微《きび》を付与されているのではない。彼女がシーツや布団カバーをはいでいたとき、彼女の心情は誰かに向かって吐かれるべきものではなかったため、心の中の言葉として表出されたが、会話のなかで表現することが可能な場合は、彼女の心情は作者によって深められるわけではない。

土曜日の朝、桐谷は帰っていった。日曜日、桐谷の妻の錦子《かねこ》が千佳子のアパートを訪ねてくる。錦子は千佳子に家計簿《かけいぼ》を見せながら、自分がいかにつましい生活をしているか、夫が千佳子に渡した一万円がいかに大金か、訴えるのであった。千佳子が淹《い》れたお茶がおいしいので、高いお茶を買って贅沢《ぜいたく》をしていると誤解した錦子はさらに文句を言う。すると、千佳子は、安いお茶だが自分の淹れ方が上手なのだと反論する。

千佳子が、お茶の淹れ方を祖母から学んだのだと言ったときの表情を、作者は次のように描写する。

千佳子の眼の中に、いきいきとした色が流れた。大事なものを想い出したときのような、華やかで明るい表情だった。（四〇頁）

千佳子にとって祖母の思い出は大切なものなのだ。作者はこのことを彼女の心になかに入りこんで描くこともできたはずだが、表情だけで描くことで十分な説明となる場合は、それを差し控えるのである。視覚化に向いた手法といえよう。

錦子との会話のなかで、千佳子は味噌汁屋をやるつもりなのだと言う。この小説のストーリー展開に重要なこの情報もやはり会話のなかで明らかにされるのである。

五 『女と味噌汁』の四人の男たちと「食」

『女と味噌汁』において言及される「サラダ」と「パン」、それから、他の「食」に注目することにしよう。千佳子によって「妻なんて女の屑じゃないの」（四三頁）と言われた錦子は、意気消沈《いきしょうちん》して次のように言う。

「（前略）長いことお勤めしてたから、お料理なんかするの、つい、ぞんざいになってね、子供に手がかかるせいもあるけど、インスタント食品で間に合わせたり、マーケットで出来あいのお菜を買って来て食べたり……無精してるわ。味噌汁も作らないし、大体がパンなのよ。子供が好きだし……御飯だとお米をといだり、お釜を洗ったりが面倒でね……あたし、いけなかったわ、桐谷に浮気されても仕方がないわ」（四五頁）

土曜日の夜に夫の広二が帰ってきて、「腹が減ったな……」と言ったときにも、錦子は、「パンしかありませんわ」と言ったのだった（二七頁）。

ご飯を炊くことを厭《いと》う錦子に対して、安いお茶でもおいしく淹れ、おいしい味噌汁を作ることのできる千佳子は、錦子に対して終始《しゅうし》優越的な女性として描かれている。いくら子どもに手がかかるとはいえ、錦子がご飯を炊くことなく、買ったパンを夫に食べさせているというのは、千佳子の価値を高め、他方、人妻である彼女の価値を貶めるために誇張しているとしか思えない。千佳子の「価値」に関しては次の節で論ずる。

小説『女と味噌汁』のなかには、一話完結型の話が四話おさめられている。四話すべてにおいて、千佳子の前には、彼女の恋人または夫として最適と思われる男性が現れ、二人はいい感じになる。しかし、千佳子とその男性が、本格的な恋愛に至ったり、結婚したりすることはない。ストーリーの最後には、千佳子は再びひとりぼっちになり、次の話で別の男性が出現するのを待つのである。

千佳子の恋人候補となる男性たちの顔ぶれをみながら、『女と味噌汁』で言及される食べ物を紹介しよう。

第一話の桐谷広二は千佳子のアパートから帰り、その妻の錦子が怒鳴りこんできた。ここまでは先に説明した。千佳子と錦子はお互いの苦労話をしているうちに、すっかり意気投合《いきとうごう》する。その結果、二人は桐谷が千佳子にあげた一万円を五千円ずつ山分《やまわ》けすることにした。

第二話は弁護士の久保田剛一である。千佳子はライトバンで味噌汁屋をやるための準備として、教習所に通い始めた。そこで久保田に出会った。久保田は、ひいき筋の客が味噌汁屋開店の手続きのために紹介してくれた弁護士であることがあとでわかる。

用事があって久保田の家に行くと、母親がいた。久保田の母が淹れたお茶を千佳子がおいしいと言う。そのあと、二人の間で次のような会話が交わされる。


「まあ、お茶の味がおわかりになるの」

「好きなんです、どちらかと言えばコーヒーや紅茶なんかよりずっと……」

正直に言った。

「おや、それはまあ……」

意外そうな表情を見せた。

「でも、近頃のかたは皆さんお米よりもパン、お味噌汁よりスープのようですわね、その方が美容によろしいそうで」

「私はやはり日本食党ですわ。古くさいかもしれませんが、味噌汁や漬物のない朝なんて考えられません」　（八一頁）

この会話のあと、二人は台所に行って、母親の漬物コレクションを見る。千佳子が漬物の漬け方を教えてほしいと言うと、母親は大変感激し、「生まれつき漬物の臭いが嫌い」（八七頁）な息子の嫁と喧嘩《けんか》した話を語る。

母親に気に入られた千佳子は、久保田家の嫁としての資格を得たかにみえたのだが、ここでもやはり妻（＝前頁の「息子の嫁」、別居中）が「はなのや」に怒鳴りこんでくる。漬物の話になると、妻は次のように言う。

「冗談じゃないわ、漬物が上手につけられるのがなんなのよ。だいいち、野菜は生で食べた方が栄養があるのよ、せっかくのビタミンを殺して食べることはないと思うわ、あなたサラダ嫌いじゃないでしょう」（中略）

「サラダは美容食よ、私、毎朝、生野菜だけ大きなボールに一杯食べるの、それとレモンと蜂蜜のジュース」（一〇三頁）

いずれも、妻の発言である。

妻は夫と義母ともう一度話し合ってみると言って、「はなのや」をあとにする。この第二話の最後で、千佳子は味噌汁屋を開店させる。

第三話の冒頭は夜の味噌汁屋である。太田清雄《おおたきよお》という病院の院長が屋台で千佳子の作った味噌汁を飲みながら、亡くなった妻も味噌汁を作るのがうまかったと語る。

そのあと、咲村智一郎《さきむらともいちろう》という、千佳子と腹違いの弟が千佳子を訪ねてきた。姉と弟の初めての邂逅《かいこう》であった。医者の卵の弟のためにも、千佳子は芸者を辞《や》めて、自分のことを後妻《ごさい》に望んでくれている太田のもとに嫁《とつ》ごうかと思うのであった。

しかし、ここにもやはり怒鳴りこんでくる女がいた。太田の姉である。弟が芸者を後妻にしたのでは家柄に傷がつくというのだ。小桃が智一郎に接近することに怒りを覚えた千佳子は、太田の姉の気持ちを理解した。小桃も千佳子の気持ちを理解した。

第四話で千佳子は小学校の同窓会に出席する。そこで再会した二人の対照的な男たちがこの話の主役である。一人は村田勉《むらたつとむ》。仕事で大成功をおさめたらしく、羽振《はぶ》りの良さをみせつけていた。もう一人は小川正二である。父親の下駄《げた》屋を継いでいる。味噌汁屋に来た正二には、「生《なま》あげの煮たの」（一九九頁）を出してあげた。小学校のとき、毎日お弁当に入れてきていたのを覚えていたのだ。

正二の下駄屋を訪ねて、近頃の日本人の体《てい》たらくを嘆く彼の父親に対して、千佳子は次のように言う。

「私も小父さんの言う通りだと思うわ……でも……私、いま味噌汁屋をやっているんですけど、結構お客さんあるのよ、日本人はやっぱり日本の味が忘れられないんじゃないかしら……着物にしても、下駄にしても、……ただ、その本当の味を忘れかけていることは事実だわね」

（二〇八―二〇九頁）

村田は事業に失敗し、それを隠すために虚勢《きょせい》をはっていただけだということが、その後暴露される。そうなると、千佳子が正二と結びつくことを期待してしまうが、ある日千佳子が下駄屋を訪ねると、出産を終えて帰ってきた正二の妻が赤ん坊を抱いていた。彼は結婚していることを隠していたわけではないと言い訳をする。

これらの話を通じて千佳子は、「味噌汁」、それから「漬物」「日本茶」「煮物」の「領域」にいる。それに対して、千佳子に文句を言いにやってくる女たちのうち、第一話の錦子は「パン」を、第二話の久保田の別居中の妻は「サラダ」を好んで食べる。また、錦子は、インスタント食品や市販《しはん》のお惣菜《そうざい》を多用するようだ。さらに、第二話の久保田の母との会話のなかには、現代の日本人が洋食、飲み物ではコーヒーや紅茶を好むという情報もあった。

四章では、石坂洋次郎《いしざかようじろう》の『陽《ひ》のあたる坂道』において、一見幸福を享受《きょうじゅ》しているかにみえる田代家が洋食と結びつき、たか子や彼女と親しい人々は和食と結びつくことを考察した。たか子は、田代家の人間になることによって「ビフテキ」を自らの領域とするという人生の選択肢を差しだされたが、それを拒《こば》んだのだった。

三章でみた映画「若大将《わかだいしょう》シリーズ」において、若大将は終始「ビフテキの領域」にあり、それは否定的なニュアンスをもって語られることはなかった。「若大将シリーズ」は普通の日本人の生活とは隔絶《かくぜつ》した夢の世界を提示していたからだ。

では、『女と味噌汁』における洋食と和食の対照関係は何を象徴するのだろうか。『陽のあたる坂道』同様に、和食に価値がおかれていることは明らかではあるが、『陽のあたる坂道』とは多少異なる象徴性をみることができると思われる。次の節で論じよう。

六　『女と味噌汁』における千佳子の「欠如」

『女と味噌汁』には、一九六〇年代から一九七〇年代にかけての日本社会において、人々が和食――「おふくろの味」――を選びとっていくプロセスが象徴的に描かれている。『女と味噌汁』においては、洋食ではなく和食、パンではなくご飯、サラダではなくきんぴらごぼうが選びとられている。

千佳子が男性にモテモテであること、男性たちは彼女が作る味噌汁をおいしいと言い、感激しながらそれを啜《すす》ること、千佳子のもとに文句を言いにやってくる妻たちが料理上手ではないこと――これらのことは、千佳子と和食の側に圧倒的な価値があることを、疑問の余地のない事実として提示する。『陽のあたる坂道』のたか子のように、プロセスを経て初めて、雄吉《ゆうきち》ではなく信次《しんじ》を選ぶのではなく、千佳子は初めから「日本食党」（八一頁）であり、「日本の味」（二〇八頁）を大切にする女性であった。
千佳子が味噌汁屋を始めることを宣言するときのセリフは次のようである。

「（前略）私、味噌汁作るのうまいでしょう。御飯もふんわりとおいしく炊ける……近頃の奥さんたら……ごめんなさい、なにも奥さんのこと皮肉ってるわけじゃないんだけど、どこの家でもパン食みたいな簡単な食事するらしくって、男の人、みんな味噌汁やおいしい御飯に飢えてるって感じよ。だから、あたし、小さくてもいいからお店を持ちたいの、おいしい味噌汁とおいしい漬物と……丸干しの焼いたのや、きんぴらごぼうや……おばあさんが私に教えてくれたそういうお菜を作って、あったかい御飯がいつでも食べられるような……そんなお店を考えているの」

（四八頁）

このセリフは、二章でみた新聞記事（一九六六〈昭和四一〉年九月二十八日「〝おふくろの味〟ヤーイ「家庭料理不在」ということ　極端な子ども中心」）のなかで、後輩を連れて小料理屋に一杯やりにいく、商事会社勤務のMさんのような男性を念頭において話されているかのようだ。Mさんは後輩に向かって、「おひたしとか、ゴマあえなんざいいねえ。ここんちはね、ヒジキから切り干しの煮たのまであるんだぜ」と言っていた。そして、この記事の記者は、夫たちが店に「おふくろの味」を求めるのは、「奥さまがたより、小料理屋さんの方が、夫の気持ちを敏感にかぎわけている」からだと分析していた。

『女と味噌汁』のなかの男性たちも、新聞記事のなかの男性たちも、「おふくろの味」に郷愁を抱《いだ》く。この心情は特に説明を要さないかもしれない。人はある程度年をとると子どものころに食べなれた味をなつかしむものだ。それは生物学的に体のなかに刻みこまれている。

しかし、序章で述べたように、本書は「文学的アプローチ」を特徴としている。『女と味噌汁』において味噌汁が郷愁の対象であるという、テクストの表面に表れでていることを指摘しただけでは、事足《ことた》りない。テクストの奥にあるもの、行間に存在するものを掘り起こさなければならない。

このような文学的視点からみると、不思議なのは、千佳子はなぜ、言い寄ってくる男たちのなかから一番いい男を選んで結婚しないのか、ということである。この話を、千佳子がその美貌《びぼう》と女らしさを駆使《くし》してハイスペックな男と結婚に至るという玉《たま》の輿《こし》の物語にすることもできたであろう。または、妻子ある男たちを次々と手玉にとって妻たちを不幸のどん底に陥《おとしい》れるという、ある種の復讐《ふくしゅう》の物語にすることもできたであろう。

しかし、その場合、千佳子が作る味噌汁は、人生の成功を手にするための道具となってしまい、「おふくろの味」の象徴性を担うことはない。

味噌汁が「おふくろの味」の象徴となるためには、千佳子に「欠如《けつじょ》」が必要なのである。玉の輿の物語や復讐の物語のヒロインになるべく、ぐいぐい人生を進んでいく強い女性であっては、「欠如」がなくなるのである。千佳子のなかに「欠如」があってこそ、茶の間でこのテレビを見ている女性たちの共感が得られるのである。

たとえば、最近の人気テレビドラマを例にあげれば、『ドクターX～外科医・大門未知子～』（二〇一二―二〇二一年、テレビ朝日系列）の主人公・大門未知子《だいもんみちこ》（米倉涼子《よねくらりょうこ》）は、天才外科医であるが、やはり「欠如」を背負っている。彼女は「私、失敗しないので」を決め台詞《ぜりふ》とし、どんな難病であれ、その卓越した手術スキルで治してしまう。履歴書の趣味と特技の欄の両方に「手術」と書くくらい、手術が好きである。

しかし世事《せじ》に疎《うと》い。政治家や有名人が患者としてやってきても、その人たちのことをまったく知らない。仕事のあとは、寄宿《きしゅく》する「神原《かんばら》名医紹介所」で神原（岸部一徳《きしべいっとく》）や麻酔科医の城之内博美《じょうのうちひろみ》（内田有紀《うちだゆき》）とともに麻雀《マージャン》をやるのが日課であるが、ほとんど勝つことがない。病院という組織のなかでうまくやっていくための協調性がまったくなく、医師免許を必要としない事柄に対しては「致しません」と言下《げんか》に断る。

未知子には恋人がいない。第六シリーズでは、当初は反感をもっていた、病院の内科部長（野村萬斎《のむらまんさい》）と徐々に接近していくが、自分と一緒に海外に行ってほしいと言い空港で待っていた彼のもとに行くことはない。これ以外に、未知子には恋らしきものはない。『ドクターX～外科医・大門未知子～』において、未知子という主人公と彼女が行う卓越した手術は、ストーリーの大きな枠組みとしての役割を果たしている。その枠組みのなかに、毎回、異なる人物が登場し、その人物の病気を完治《かんち》させることでエンディングを迎える構造となっている。それゆえ、未知子という大きな枠組みに変化が生じては、枠組みとしての役割を果たさなくなるのだ。未知子が結婚してしまったら、結婚生活における彼女のとんちんかんぶりに焦点があてられるかもしれない。彼女が病院内での出世に興味をもってしまったら、大きなリスクを背負った手術をすることはなくなるだろう。

未知子の恋が成就《じょうじゅ》したり、彼女が出世したりしないのは、構造に変化を生じさせないという理由もさることながら、視聴者に未知子の側に立たせ、彼女に共感を抱きつつドラマを見させるためなのである。視聴者が彼女に共感を抱くのは、彼女が完璧ではないからである。彼女はスーパー外科医である。流行の最先端の洋服を身につけ、高級ブランドのバッグをもっている。それに加えて、もし彼女が女らしい気配《きくば》りに満ち、機を逸《いっ》しない言動を得意とする人であったなら、完璧すぎて、視聴者はついていくことができないだろう。

視聴者はドラマを見るとき、主人公と自己同一化したいと思うが、同時に優越感をもちたいと思う。自分自身の人生は間違っていなかったのだという確信をもちたいからだ。優越的視点から主人公を応援する立場に立ちたいからだ。主人公がその「欠如」を埋め合わせて人生で成功をおさめる様を見守る役につきたいのだ。主人公が成功をおさめてしまうと、見守り役としての任務は終わってしまう。だから、なるべく時間をかけて人生を進んでほしいという矛盾した考えを抱く。

この構造は、いわゆる「教養小説（Bildungsroman）」と呼ばれる西洋の小説の型にみてとることができるものだ。「教養小説」とはもともとドイツにおいて、ゲーテ（一七四九―一八三二年）の『ヴィルヘルム・マイスターの修業時代』（一七九五―一七九六年）を評するために使われた用語であるが、イギリスにおいては、チャールズ・ディケンズ（一八一二―一八七〇年）の『ディヴィッド・コパフィールド』（一八五〇年）などを嚆矢《こうし》とする小説の型である。ディヴィッドは、子どものころ、義父と義姉に虐待された。その後も次々と艱難辛苦《かんなんしんく》に見舞われながらも、努力し、作家として成功する。そして初恋の人と結婚し、幸せを手にした。

「教養小説」とは、このように、主人公が成長していく過程を描く小説のことである。

読者はディヴィッドと人生の旅路を共にしながら、自分自身の人生には存在しなかったような種類の苦労をくぐり抜けていく彼を応援する側に回る。

そのような立場からフィクションを楽しむためには、主人公に「欠如」が必要なのである。『ディヴィッド・コパフィールド』における「ディヴィッドの「欠如」は、彼が生まれ育った環境における「欠如」であった。『ドクターX〜外科医・大門未知子〜』における未知子の「欠如」は世間知《せけんち》がないことと女性としての幸せを手に入れることができないことであった。

では、『女と味噌汁』における千佳子の「欠如」とは何であろうか。それは、芸者という職業としばしばそれを原因とする恋の成就の不可能性である。千佳子は美しく、控え目で、気配りができて、料理上手だ。これらの長所は彼女を花嫁候補として最適な女性とする。しかし、第一話の桐谷には妻子がいた。第二話の久保田にも別居中ではあるが妻がいた。第三話では、芸者であることが太田に迷惑をかけることを危惧して、自ら身を引いた。第四話では村田の嘘に惑《まど》わされなかった千佳子ではあったが、結局、正二に妻がいたことが判明した。

芸者であることが、恋を阻《はば》む直接的または間接的な原因となり、千佳子は恋を成就させることはできないのだ。

お茶の間でテレビを見ている女性たち、特に夫をもつ女性たちは、妻の座を奪われないことにほっとしつつも、芸者という職業を運命的に背負っている（母親も芸者だった）千佳子に同情し、優越的視点からドラマを見る。そして、自分の人生が間違っていなかったことに満足するのだ。

七　『女と味噌汁』における「味噌汁」の象徴性

千佳子には「欠如」がある。「欠如」があるからこそ、逆説的にその完璧さが際立つのである。

文句を言いにやってくる女性たちは、一見劣位におかれているかのようにみえる。第一話の桐谷の妻の錦子は、インスタント食品を使ったり、お惣菜やパンを買ってきて食卓に載せたりする、手抜き主婦である。第二話の久保田の別居中の妻は、義母にとって命にも等しい漬物樽を臭いといって嫌う、思いやりのない女性である。第三話の太田の姉は、「兄弟五人がそれぞれ医者とか大学教授とか、れっきとした職業」（一七二頁）についていることを鼻にかける、いけすかない女性である。

しかし、彼女たちは結局ほしいものを手に入れている。ストーリー展開上では、実は、彼女たちのほうが優位におかれているのだ。

「アンチ千佳子」として、悪役に徹するよう設定された女性たちを背景として、千佳子の良さが際立つのだが、それは、「欠如」を背負っているからこそその良さである。五節で、「錦子がご飯を炊くことなく、買ったパンを夫に食べさせているというのは、千佳子の価値を高め、他方、人妻である彼女の価値を貶めるために誇張しているとしか思えない」と述べたが、『女と味噌汁』では「千佳子」対「アンチ千佳子」は大いに誇張されている。そして、その対決が、「和食」対「洋食」という様相を呈していることは注目に値する。

「和食」対「洋食」の対決は、ここでは、「味噌汁」対「パンとサラダ」の対決である。「パンとサラダ」は断然悪役だ。夜中に帰ってきた夫にパンを食べさせようとしたり、漬物を嫌って毎朝サラダを食べることは、あたかも、『ドクターX～外科医・大門未知子～』において未知子の腕を試そうとする深刻な病、または、「教養小説」において主人公に苦労を強いる人生の変転のように、明らかに倒すべき悪である。

このような敵を倒すべく、ヒロイン・千佳子は立ち上がるのであるが、彼女は完璧ではない。彼女は、「芸者」という職業を運命的に背負っている。そのため、恋を成就させることもできない。

『女と味噌汁』を見ている視聴者は、千佳子をかわいそうに思い、応援する。千佳子が作る「味噌汁」も、千佳子同様に、完璧ではない。味噌汁は、近代化の真只中《まっただなか》にあった日本が過去に置き去りにした、家庭料理である。「サラダ」のように、未来志向的で都会的で洒落た料理ではない。「味噌汁」も「欠如」を背負っているのだ。だからこそ、応援したくなるのだ。

『大学の若大将』の若大将や、若大将が食す「サラダ」を視聴者は応援する必要がない。視聴者はいつの日か若大将のように海外を飛び回ることのできることを夢見ながら「サラダ」のような都会的で洒落た料理を日常的に食べたいと思いつつ、若大将の映画を見る。「欠如」がないから、応援する必要はない。視聴者は、『ドクターX』や『女と味噌汁』を見るときは、多少の優越感をもって見るが、「若大将シリーズ」を見るときは、別世界のこととして見るのである。

さて、このことが「おふくろの味」とどのように関係するのだろうか。田舎に置き去りにした母親は、千佳子同様に、完璧ではない。二章で論じたように、「母イコン」とは、「白髪」「老い」である。白髪の老いた母親が、田舎で背中を丸めてヒジキの煮物を作っている姿こそが「母イコン」である。息子は、そんな老いた母親をかわいそうに思い、親孝行しなければと思う。置き去りにして東京にやってきたことに罪の意識を感ずる。

日本社会がアメリカのような物質的栄華を目指すなかで、「パンとサラダ」は目指すべき社会を象徴するモダンな食べ物であった。しかし、ふと後ろを振り返ると、田舎には、忘れられた母親がそれでも自分のことを待っている。母親も、彼女が作るヒジキの煮物も味噌汁も、自分が目指す未来を志向するものではない。過去に存在するものだ。そこには「欠如」

がある。「欠如」を背負っているからこそ愛おしく感じられるのだ。

『女と味噌汁』における「味噌汁」とは、一九六〇年代以降に日本社会が再発見する「おふくろの味」の象徴となっているのである。失われたからこそ、「欠如」を背負っているからこそ、愛おしく感じられるものが「味噌汁」であり、「おふくろの味」なのであった。

六章

一九八〇年代～二〇二〇年代における「おふくろの味」――概念の変遷

一　雪だるまのように大きくなる「おふくろの味」

最後の章であるこの六章では、一九八〇年代から二〇二〇年代までの「おふくろの味」の概念の変遷《へんせん》を一気《いっき》に辿《たど》ることにしよう。俯瞰《ふかん》的にみると、「おふくろの味」が、その意味範囲を広げていく様子がおもしろいようにわかる。一九六〇年代、自分自身の母親が作ってくれた料理をなつかしむという意味で出発した「おふくろの味」であったが、その当初の意味にとどまっていた時間は歴史のなかではほんの一瞬だ。時代を経るとともに、それ以外の様々な意味をそのまわりにくっつけていくのである。

まるで、最初は手のひらにおさまる大きさに丸められた雪の塊《かたまり》が、雪の上を転がされるにつれ、どんどん大きな雪だるまになっていくかのようだ。大きくなった雪だるまのなかから、最初に作られた小さな雪のボールをとりだせないのと同様に、大きくなった「おふくろの味」のなかから、「自分の母親の料理」という意味だけを抽出《ちゅうしゅつ》することは不可能になってしまう。

一章では、一九五〇年代後半から一九六〇年代前半に「おふくろの味」が出現した歴史的必然性を考察した。二章では、一九六〇年代後半から一九七〇年代において、アメリカに次いで世界第二位のＧＮＰ（国民総生産）達成に向かってひた走る日本社会において、「おふくろの味」が「家族主義」をバックボーンとしながら定着していく様子をみた。三章では、映画「若大将シリーズ」を資料として、一九五〇年代後半から一九六〇年代の日本において、洋食が憧れであったことを論証した。四章では、石坂洋次郎《いしざかようじろう》の『陽《ひ》のあたる坂道』（一九五七〈昭和三二〉年）において、ビフテキやサラダなどの洋食の領域と、トンカツや焼き芋などの和食の領域が二つの異なる領域として小説世界で提示されること、最終的には、和食の領域が選びとられることを指摘した。五章では、テレビドラマ『女と味噌汁《みそしる》』（一九六五〈昭和四〇〉——一九八〇〈昭和五五〉年、TBS系列、平岩弓枝《ひらいわゆみえ》原作）において、きわめて明示《めいじ》的に和食の価値が称揚《しょうよう》されていることを、日本社会が「おふくろの味」をイデオロギーとして確立することと結びつけた。

「おふくろの味」はもはや特定の個人の母親が作った特定の料理に対する郷愁を指すことはほとんどなくなった。それは、特殊な状況を示すために創《つく》られた特別な名詞であることをやめて、一般名詞へと変貌する。そして、「伝統的な和食」「手作り料理」「郷土料理」「母から娘へと継承《けいしょう》される家の味」「馴染《なじ》み深い味」という意味をまといながら、巨大化していくのである。

序章でみたように、大学の教室で学生たちに「皆さんにとっての「おふくろの味」は何ですか？」と聞いたとき、彼らが「肉じゃが！」と答えてくれたのは、「おふくろの味」という言葉が疑問の余地のない明らかな意味をまとっているからである。すなわち、主に和食、日本に昔から存在していたと思われる料理、家庭で作られるもの、素朴なもの、というような意味である。そのため、学生たちは、「私の「おふくろの味」はビーフストロガノフ!」とは言わなかったのである。

序章で述べたように、一九八〇年代以降の「おふくろの味」を一冊の本にする機会もあるかもしれない。その場合は、たとえば、角田光代《かくたみつよ》(一九六七年―)のような、母と娘の相克《そうこく》を小説の隠れた(時に明らかな)テーマとするような小説家の作品を論じながら、「おふくろの味」が日本の女性にとって重荷になっていることを指摘できればいいと思う。

二　一九八〇年代(1)――一般名詞への変貌

一九八〇年代は「おふくろの味」概念が大きく広がっていった年代である。「伝統的な和食」「手作り料理」「郷土料理」「母から娘へと継承される家の味」という意味合いが付け加えられていく。一九九〇年代は、そのうちの「母から娘へと継承される家の味」が前面に出ることと、「男が作るおふくろの味」シリーズが一一回にわたって連載(読売新聞)されることが特色である。一九八〇年代に形成された意味の重層性《じゅうそう》にさらに新しい層――「馴染《なじ》み深い味」という意味――が加わるのは二〇〇〇年代以降である。

「おふくろの味」概念が一気に広がった時代としての一九八〇年代は注目に値するので、紙《し》幅《ふく》を割いて論ずることにしよう。まずは、「おふくろの味」という言葉の意味が、「自分の母親が作ってくれた特定の料理に対する郷愁」という個人的文脈から離れていき、一般名詞へと変貌《へんぼう》する様子をみてみよう。

一九八〇（昭和五五）年五月三十日の記事「食生活'80　20　油の味　鮮度落ち油でカバー（連載）」を最後に中年男性の郷愁としての「おふくろの味」は姿を消すようだ。この記事は、日本人の食生活が穀物食型から肉食型へと変化したことを主なトピックとしながら、それに関連して、「おふくろの味」とは「みそ、しょうゆで味つけをしたアミノ酸の味」であり、お父さんたちはアミノ酸の風味に郷愁を感じるのだと述べる。アミノ酸の味に対する郷愁は、ある個人が自分の母親の味をなつかしむという文脈とは異なる。それゆえ、この場合の「おふくろの味」とは、もうすでに当初の意味から離れているということもできる。この記事以前にすでに「中年男性の郷愁」は終結していた、もしくは、その当初の意味は出発点としてのみ存在し、「おふくろの味」はマスメディアでとりあげられるやいなや一般化したのだと考えることもできるのである。

一九八一（昭和五六）年二月二十三日の記事「子供の栄養とコレステロール　肥満型で栄養失調も　甘やかさずおふくろの味を」では、肥満型の子どもに高コレステロール血症《けつしょう》が多くみられるとの報告を受けて、海藻や豆と野菜の煮物――「おふくろの味」――を食べさせるようにするとよい、という提言《ていげん》がなされている。ここでいわれる「おふくろの味」が母親の手料理を意味していないことは明らかだ。この記事は、「子どもの好きな食べ物といったら、ハンバーグにラーメン、ポテトチップスその他のスナック菓子」という文章から始まる。子どもたちが普段食べているのはこういう食べ物なのである。ということは、そういう食生活を送る子どもたちに、海藻や豆と野菜の煮物などの「おふくろの味」を食べさせるべきだと提言することにおいて、これらの食べ物は、低コレステロールの食べ物の代表として名前があげられているのである。この場合の「おふくろの味」とは、子どもたちにとって特定の母の味とはまったく関係ないということになる。

「おふくろの味」は当初から、家で食べることができないから店に求める、という文脈で語られていた。すなわち、自分の母親の手料理を食べるために実家に帰るとか、母親が作ったのと同じ味を妻に作ってもらうとか、そういう文脈ではなかった。家には「おふくろの味」の空白または痕跡《こんせき》だけが存在し、男性たちは、その痕跡を求めて昼の定食屋や夜の居酒屋を放浪《ほうろう》したのであった。

定食屋や居酒屋で再発見されたヒジキの煮物や切り干し大根の煮つけは、多少味つけは異なれど、昔母親が作ってくれた料理であったかもしれない。しかし、先の一九八一年の記事では、母親のメニューのなかに野菜の煮物がなかったとしても、野菜の煮物は「おふくろの味」と呼ばれて、子どもたちのコレステロールを減らすために供されることになる。ここに、当初の「おふくろの味」からの逸脱《いつだつ》を顕著《けんちょ》な形でみてとることができる。

「おふくろの味」がひとり歩きする様子は、一九八一（昭和五六）年十二月六日の記事「あすに生きる女たち「日本の伝統食を考える会」を作った　宮本　智恵子さん」に如実《にょじつ》にみられる。この記事は、「〝おふくろの味〟といわれますが、いまの子供たちは〝フクロの味〟で育っている」と、時代の傾向に警鐘《けいしょう》を鳴らすことから始まっている。主役は宮本さんという栄養士である。彼女は最近、大阪でも下町と呼ばれる地域に引っ越してきた。その下町地域には「元気なおばあちゃん」が多くいて、「そんなおばあちゃんの手になる〝おふくろの味〟がしっかりと根づいている」のだそうだ。「クキワカメの煮もの」「大根の煮つけ」「おから」「五目豆」などである。このような「おふくろの味」の栄養学的利点を再認識してもらうために講習会を開くことにした、というのが、この記事の趣旨である。

記事の最後には、「娘たちと三人で理想的な〝おふくろの味〟って何だろうといろいろ考えてみた」という宮本さんのコメントがある。彼女たちが理想の「おふくろの味」を考察した結果がどうなったかは後述するが、宮本さんのこのコメントは驚くべき言語学的変遷を物語っている。

シェイクスピアが次々と新しい単語や古い単語の新しい意味を創りだすことによって英語という言語の奥深さに貢献したのとは異なり、ここには、むしろケアレスな言葉の使い方がある。母親が娘と一緒に「おふくろの味」を考えるという行為において、「おふくろの味」は娘たちにとっての郷愁の味ではない。母親が作った手料理でもない。元の意味からの乖離《かいり》を気にすることなく、「おふくろの味」という料理のジャンルが確固として存在するかのような使い方なのである。

もちろん、宮本さんは、栄養士として日本人の食生活を改善したいという強い意志があるからこそ、このような言葉を発している。栄養士でも何でもない一般の人は「理想的な〝おふくろの味〟」について考察をめぐらすことはないだろう。右で「ケアレス」といったが、これは決して宮本さん個人を責めているのではなく、「おふくろの味」という言葉の変遷を考えたときに、イレギュラーな使用法であることを指摘するために、そのような言葉を用いたのである。

一九八三（昭和五八）年十二月十日の記事「気流　ふるさと交差点」に寄せられた長野県の五十歳の主婦の投稿には、東京にいる二男から、「クリスマスまでには帰るよ。おふくろの味の煮物、うまい白菜漬け、そして朝鮮漬け頼むよ」という電話がかかってきて、夫とともに喜んだということが書かれている（序章でも言及）。ここでは、息子が母親の手料理を直《ちょく》截《せつ》的に「おふくろの味」と呼ぶ微笑ましさがある。

しかし、一九六三年の「おふくろの味」初出《しょしゅつ》の記事と比べてみたとき、ここに欠如《けつじょ》しているのは、「おふくろの味」の原初《げんしょ》の意味を成り立たせていた重要な部分、すなわち、「郷愁」である。一九六三年の記事において、記者の母親は亡くなっていたので母親の料理を食べることはもはやかなわぬ夢だった。母親が亡くなっていなかったとしても、何らかの事情によって故郷に帰ることができない、母親との間に激しい愛憎《あいぞう》関係があるなど、母親と会うことができない悲劇的な状況が存在して初めて、「おふくろの味」は郷愁と慕情《ぼじょう》の対象となるだろうことが想像される。この郷愁と慕情が一九六三年の記事には存在していたのだが、先の一九八三年十二月十日の投稿には切《せつ》なさがないのだ。

この記事はきわめて明るい語調によって書かれている。もちろん、東京で一人暮らしをしている二男は様々な苦労に身をさらし、そのたびに故郷の母親の白菜漬けを思い出していたかもしれない。帰りたくても帰れない切ない二男の心情を、母親はこの短い投稿のなかでは表しきれなかったのかもしれない。

こう思ってみると、「おふくろの味」の初出の意味を説明するにあたって、「故郷の母のなつかしい手料理」というだけでは足りなかったことに気がつく。この場合、「なつかしい」とは、切実《せつじつ》な感情であるということを付け加える必要がある。一九八三年十二月十日の投稿を多少奇異に感じるのは、その切実さが欠如しており、母親の手料理または得意料理を指し示すための一つの用語として使用されているからであろう。個人が自分の「おふくろの味」を語る場合も、「おふくろの味」の一般的概念を使用しながら語っているという特色をこの記事にみることができるのである。

息子は「「おふくろの味」のステーキ焼いてくれ」とは言わないであろう（時代が進むと、このような意味も生じてくる）。その場合は、東京ではお金がなくて肉を食べることができないから、分厚《ぶあつ》いステーキを食べたい、という別の文脈に変化するであろう。ステーキは「おふくろの味」という言葉が包含《ほうがん》する意味のなかに存在しない食べ物であるからだ。

三　一九八〇年代(2)——「伝統的な和食」

「ステーキ」は「おふくろの味」のなかに包含されない。「おふくろの味」とは、「和食」であるからだ。

「和食」という意味が「おふくろの味」に包含されるのは一九八〇年代であるが、二〇〇〇年代に入ると他の意味に圧倒されて、多少古めかしく感じられるようになる。

前節でみた、一九八一（昭和五六）年十二月六日の記事「あすに生きる女たち「日本の伝統食を考える会」を作った　宮本　智恵子さん」において、宮本さんが三人の娘たちと一緒に考えた「理想的な〝おふくろの味〟」は、「オカアサンダイスキ」であった。おから煮、かばやき、アズキご飯、サンマの塩焼き、だしまき卵、イモ（ボウ）、すし、きんぴらの頭文字である。この「伝統食」は、一九八四（昭和五九）年五月一日の記事でも言及されるが、ここにも再び宮本さんが登場する。こちらには、「ママステキ」というキャッチフレーズもある。メニューはマツタケご飯、丸干しイワシ、すきやき、天ぷら、切り干しダイコンである。

ここでいうところの「おふくろの味」とは、「伝統的な和食」である。たとえ、自分自身の家の食卓には洋食がのぼることが圧倒的に多かったとしても、「おふくろの味」が「和食」一般を表すことが一九八〇年代には多くなるのである。伝統的な和食を掘り起こそうとする宮本さんの活動のなかでも、「おふくろの味」は、宮本さん個人の食卓や個人的な郷愁の念とは関係ないところで「和食」という意味で使われていた。

その意味は、黒田《くろだ》アーサーというアメリカ生まれの俳優に関する記事に顕著な形で表れる。一九八六（昭和六一）年四月二十日、「たれんと・ぼっくす　〝おふくろの味〟ナイス!?」である。日本テレビ系『ごちそうさま』の金曜日の「味の旅シリーズ」で、リポーターを務《つと》める黒田が気に入ったのは「イモの煮ころがし」だった。記者のコメントは、「米国籍を持っていても、やはり、〝おふくろの味〟はいいようだ」である。

「イモの煮ころがし」が、黒田アーサーにとって昔なつかしい味でないことは明らかだ。先の宮本さんの場合は、「オカアサンダイスキ」のメニューが宮本さん個人から完全に離れたところに存在する料理かどうか、すなわち、宮本さんの家の食卓ではまったく出されない料理かどうかは不明だが、黒田アーサーの場合は、彼個人と「イモの煮ころがし」との乖離は歴然《れきぜん》としている。アメリカ育ちの黒田にとっては、記事のなかで言及されているような「馬《ば》刺《さ》し」も「イモの煮ころがし」も珍しい料理であった。「馬刺し」は日本全国で一般的に食べられているわけではないという意味においても、黒田個人から乖離した料理であるが、「イモの煮ころがし」も彼の子どものころの日常とは乖離した料理であった。

ここにおいて、「おふくろの味」は、個人の郷愁や愛慕《あいぼ》の念とは関係なく、一般的な和食という意味をその範囲に取り込んだのである。

それゆえ、宅配便で世界中至るところに「おふくろの味」を配達することもできる。一九八五（昭和六〇）年九月八日「世界に広がる宅配便　海外の邦人にモテモテ　食料品や衣料、本」は、海外在留邦人《ほうじん》向けに日本の品物を宅配する会社を紹介している。「食料品三百品目のメニューから注文をとり、缶詰のおでん、豚汁、サトイモ、ゴボウから、レトルト食品のサンマの開きまで直送する段取りになっている」とある。「缶詰のおでん」や「レトルト食品のサンマの開き」があるということは、この場合、「手作り」という意味——あとで論ずる「おふくろの味」に付加される第三の意味――は包含されないことになる。

日本に生まれ育ったわけではないが、黒田アーサー同様に、「おふくろの味」を好物にしている人が、一九八七（昭和六二）年四月十二日「在日外国人面白食卓　和風フランス料理シイタケやタケノコを使って」で紹介されている。来日九年目の吉越ダニエルさんだ。ダニエルさんは、南フランスに生まれ育ったが、西ドイツに留学していたときに日本人男性と知り合って結婚した。記者は、彼女について次のように説明する。

日本食は納豆以外は何でも。すし、てんぷら、すき焼きが好きな外人はいまや珍しくないが、ダニエルさんは、ホウレンソウのゴマあえ、おからのいり煮といった〝おふくろの味〟も好物で、自分でも作る。

ということは、「おふくろの味」とは、和食ではあっても、「すし、てんぷら、すき焼き」のような、店で食すことが多く、しばしば高級料理とみなされる料理ではなく、「ホウレンソウのゴマあえ、おからのいり煮」のような、比較的安価《あんか》な材料費で家で作ることのできる、庶民的な和食のことを指すことになる。

四　一九八〇年代(3)——「手作り料理」

一九八七年四月十二日のダニエルさんに関する記事では、「おふくろの味」は「手作り」の「和食」ということであった。その前にみた、一九八五年九月八日の、宅配便で世界中に「おふくろの味」を送るという記事においては、レトルト食品も含まれていたので、「手作り」は「おふくろの味」の意味の範囲内にはなかった。「おふくろの味」の意味の変遷をみるにあたって注意しなければならないことがある。ある意味がarchaicになり、他の意味が主流となっていくプロセスのなかで、一つの文脈のなかに、同時代に使用されているすべての意味を同時に読みこむことはできないということである。

次にみる二つの投稿では、「手作り」と「母親の愛情」が強調されている。「母親の愛情」は一九六〇年代に重要視された概念であった。母親が愛情を込めて作った料理が子どものストレスを和《やわ》らげたり、非行を阻止《そし》したりするとされた。「母親の愛情」は、一九八三（昭和五八）年十二月十日の長野県の五十歳の主婦の投稿にも存在していた。二男が楽しみにしていたのは、母が愛情込めて漬けた白菜漬けであった。

他方、一九八六年四月二十日の「〝おふくろの味〟ナイス!?」における黒田アーサーは、

「イモの煮ころがし」に愛情を求めてはいなかった。彼にとっては和食が新鮮だったのだ。「母親の愛情」は一九八〇年代以降にあっては、オプショナル――「おふくろの味」に含まれる場合と含まれない場合がある――になったといえよう。

さて、「手作り」と「母親の愛情」が強調されている二つの投稿とは、一九八七（昭和六二）年五月十日の「日曜の広場」の「おふくろの味」という特集のなかにある。

一つ目は、二十代の会社員の男性の投稿である。彼は「仕事で各地を飛び回っている」が、コンビニやスーパーでよくみかける「おふくろの味」と銘打《めいう》った弁当、おにぎり、味噌汁、漬物に憤《いきどお》っている。

オートメーションで大量生産され、チェーンストアの流通ルートに乗って店頭へ並ぶ「おふくろの味」なんて、やっぱり変だ。（中略）

自分の母親だけが持つ、家風と同じようなその家独特の味が本当じゃないだろうか。

その家で作られた手作り料理が「おふくろの味」ということなのである。

同じ特集のなかの次の投稿は、二十代の女子学生によるものだ。

デパートの食品売り場へ行くと、「おふくろの味」と名のる〝アホな商品〟を買うお母さんをよく見かけます。お母さんが作るから、そしてその家庭にしかない味だから「おふくろの味」というのではないでしょうか。

この学生の母親は何でも手作りするそうだ。彼女はそれを当たり前だと思って育ってきた。

この女子学生には多少寛容さが欠如しているように思われる。または、大変恵まれた家庭で幸せいっぱいに育ってきたということだろうか。そのため、お母さんの手作り料理を食べることができない家庭の存在を想像できないのかもしれない。

お母さんの手作りを重要視するということは、自分自身もキャリアをもつことなく、家庭婦人として家族のために身を捧げる人生を送ることだ。彼女はこのことに気がついていない。

私は、価値判断することをせず、客観的に「おふくろの味」の意味の変遷を描きだそうと努《つと》めている。しかし、読者が本書を読み終えたとき、「やっぱりお母さんの手作り料理はすばらしい！」と思って自分自身や自分の母親、妻にそれを強要するようにならないことを祈っている。「おふくろの味」がイデオロギーとして機能していることに気がついてほしいのだ。男性は母恋いの物語を紡《つむ》ぎだし、女性はその物語のなかの住人として生きる——このような役割分担は悲しいということに気がついてほしいのだ。

右の二つの投稿には、「おふくろの味」は「手作り料理」であるという定義づけがみてとれるが、「母」を神話《しんわ》化《か》する態度も潜《ひそ》んでいるということは指摘されなければならないのである。

「手作り」することの重要性は、次の六十八歳の女性の投稿にも表れている。一九八八（昭和六三）年三月十七日の「シニアから　おふくろの味は手料理から」である。

主婦は煮物を敬遠しがちですが、野菜にしても、煮たり、ゆでたり、手間をかけましょう。「おふくろの味」は手料理からです。

仕事をもっていない女性であるなら、当然、家事においてプロフェッショナルであるべきである。また、この女性の年代であったなら、女性は仕事をしているかどうかにかかわらず主婦として完璧に家事をこなすことが求められたであろう。そういう方からの苦言《くげん》である。

五　一九八〇年代(4)――「郷土料理」

一九八一（昭和五六）年九月十七日（夕刊）の、『友竹正則のくいしん坊！万才』というテレビ番組（フジテレビ系）を紹介する小さなコラム（「こんばんは　友竹正則　〝おふくろの味〟が楽しみ」）に注目しよう。ホスト役の友竹正則《ともたけまさのり》が、「この番組で何よりも楽しみなのは土地のおふくろの味」であるというのである。この番組をリアルタイムで見ていたら特に驚くことなく受け入れていただろうが、この研究を通じてこの言葉を読んだ今、驚愕《きようがく》した。言語学的表現を使えば、元の意味からの一つの「派生《はせい》」的意味の初出がここにあるのである。シェイクスピアの言葉の意味を調べるために、Oxford English Dictionaryを引くと、シェイクスピアを初出とする単語または意味が続々と出てくる。大学院時代、それを発見すると、授業で得々《とくとく》としてそのことを発表したものだった。友竹の発言を読んだときの感動は、これに比すべきものであった。

友竹がいうところの「おふくろの味」とは、「一般的な郷土料理」のことである。友竹の母とも、友竹の郷里とも一切関係ない。自分の郷里ではない場所で、その土地に生まれ育った人ならばなつかしく感じるだろう料理を、友竹は「搾取《さくしゆ》」し自分のものとしているのだ。「搾取（exploit）」とは、ポストコロニアリズム批評で用いられる批評用語であるが、宗主《そうしゆ》国《こく》が植民地の文化を「自国化（domesticate）」することを意味する。たとえば、イギリスが中国やインド原産の紅茶を自国化して、イギリス文化の表象として喧伝《けんでん》する場合、それは「搾取」という言葉によって表現されたりする。この言葉は、必ずしもその国を激しく批判する目的で使われるのではない。しかし、政治や経済におけるように「搾取」することによって目にみえる利益を得るわけではなくとも、文化の領域でしばしば無意識のうちに行われる「搾取」は、イデオロギーとなって深く人々の心に沁《し》み通り、その人為《じんい》性に気づかなくさせるという点において、厄介《やっかい》である。

一九八〇年代には、「郷里の味」という意味における「おふくろの味」がこの記事以外にもいくつか出現する。岩手の「ひっつみ」、山形の「納豆汁」、大分の「だんご汁」などである。それぞれに特定の人にとってのなつかしい郷土の味ではあるのだが、その特定の味が母親独自の味を超えて、郷土の味に広がるところが特徴である。

一九七〇年の大阪万博終了後に、旧国鉄は「ディスカバー・ジャパン」キャンペーンを繰り広げた。その二年前にストックホルムで行われた、川端康成《かわばたやすなり》（一八九九〈明治三二〉―一九七二〈昭和四七〉年）によるノーベル賞記念講演「美しい日本の私――その序説」も伝統的日本の再発見ブームを後押しする一助《いちじょ》となった。このキャンペーンが下火《したび》になったころ、一九七八（昭和五三）年には山口百恵《やまぐちももえ》が歌う『いい日旅立ち』にのって美しい日本を旅する

「いい日旅立ち」キャンペーンへと移行する。一九八四（昭和五九）年には、今度は郷《ごう》ひろみが歌う『2億4千万の瞳——エキゾチック・ジャパン』をモチーフとした「エキゾチック・ジャパン」キャンペーンが始まった。

西洋に向いていた目が翻《ひるがえ》って日本を再発見するに至る傾向は、洋食礼賛《らいさん》の傾向から和食再発見に至る傾向と時期を同じくしている。日本を美しいと感じた目は、郷土料理や和食をおいしいと感じる舌とつながっていたのである。

六　一九八〇年代(5)——「母から娘へと継承される家の味」

次の「梅干し」の記事（一九八〇〈昭和五五〉年七月二十九日「赤でんわ　梅干しの土用干し二題」）「母の梅干しレシピを参照しながら初めて梅干しを漬けた女性」の論調——母のレシピを大切にする——は、一九六〇年代にはみられなかったものだ。

今日、梅干しの土用干しを始めました。結婚して二年目、独身のころはもちろん、今年が初めての挑戦です。嫁ぐ前に母から教えてもらって書きためたノート、料理番組、愛知県にある実家に電話をして母からの助言など……いろいろ研究して、六月の梅選び、そして塩づけ。

梅を干す前に、シソを少し食べてみた女性は、「母の作ってくれた梅干しの味だ、成功だ」と思ったのであった。

今の視点から読むと、特に驚くような記事ではない。しかし、一章で論じた、「おふくろの味」をめぐる一九六〇年代の歴史的状況を思い出してほしい。「おふくろの味」が中年男性の郷愁が生みだしたものであること、その要因の一つが、母と娘の間で料理術が受け継がれなかったことにあった——これらのことを思い出すと、先の記事は隔世《かくせい》の感を禁じえない。

一章で論じたように、一九六〇年代に「主婦」となった女性にとって、明治時代や大正時代に生まれ太平洋戦争のころに結婚・出産した母親は、まったく異なる時代に生きた人であった。料理をめぐる環境もまったく異なっていた。

一九八〇年に「梅干し」を漬けたこの女性は二十五歳だった。母親が二十五歳のときに産んだ娘だとすると、母親は一九三〇（昭和五）年生まれ、娘を産んだのは一九五五（昭和三〇）年となる。高度経済成長の真只中《まつただなか》に娘を育てたことになる。成長した娘もまた経済的繁栄著《いちじる》しい時代に結婚生活を送っていた。

それゆえ、母と娘の間に、時代に起因《きいん》する、大きな価値観の違いは存在しないであろう。

さらに、梅干しを漬けるという、一見古めかしく思われる行為も、実は、「手作りブーム」のなかにあるという点において、むしろ新しい行為ともいえるのである。

二章で言及した、一九七七（昭和五二）年一月二十日の記事「若い主婦におふくろの味〝手づくり料理〟復活　その心尽くしに男は弱い」では、農林省による「食料消費実態調査」において二十代から三十代の「若い主婦」の間に「手づくり志向」が増加している結果が出たという報告がなされていた。

昭和五〇年代は、専業主婦やその娘たちの間でお菓子やパン作りが流行した時代であった。[129]その背景にあったのは、一九五五年以降、一九八〇年のピークを目指してひたすら増加し続けた「専業主婦数」であろう[130]（二章で詳述）。「専業主婦」たちは、手作り料理に自らのアイデンティティを構築すべく、時間をふんだんに使って頑張っていたのだ。

一九八二（昭和五七）年十二月十一日「気流　ふるさと交差点　酸いも甘いもかみわけた母の白菜漬け」においては、三十歳の「主婦」が、白菜漬けに関して、「自分でも漬けるが、常陸《ひたち》太田市に住む実家の母にはとうていかなわない」と嘆いている。

これらの記事において母と娘は同一の食の伝統のなかに生きている。娘は母の時代の食のあり方を古くさいと思うことはないし、母は娘の時代のそれを新しすぎてついていけないと思うことはない。母から譲《ゆず》り渡されるものは、料理のレシピだけではなかった。アクセサリーやハイブランドのバッグも譲り渡された。母と娘がまるで双子のように贅沢《ぜいたく》を共有したのが一九八〇年代であったのだ。

別の観点からすると、母親に対する反抗心や、母親を追い抜こうという野心がなかったということにもなる。家の伝統の伝承《でんしょう》者として自らを位置づけることと家の反逆《はんぎゃく》者となることとは、真っ向から対立する二つの別の行動である。家の伝統のなかで満足し幸せに育った人は、それを繰り返そうとするのであろう。豊かな時代であったせいか、新聞に投稿する人の傾向なのか。母と娘との幸せな関係は一九九〇年代にさらに顕著になってくる。

一九八四(昭和五九)年四月十三日「〝おふくろの味〟健在　83%が「しっかり伝承」農水省の奥さんアンケート」において、「〝おふくろの味〟と言われるような祖母、母から受け継いだ料理があるか」という質問に対して、83%が「ある」と答えたそうだ。

七　一九九〇年代――「母にはかなわない」

一九九〇年代に入っても、「おふくろの味」が「郷土料理」や「和食」を指し示す傾向があることに変わりはない。

一九九〇(平成二)年七月十六日「新たな郷愁おこす「ふるさと体験ツアー」」においては、「ふるさと」をもたない都会の人々のために「ふるさと体験ツアー」が企画され、新潟県などで稲刈《いねか》りをしたり、地引網《じびきあみ》を引いたりという活動が行われたことが報告されている。記者は最後に、「コメどころ新潟県の町で出されたのは本場コシヒカリのおにぎり。さぞ、ふるさとのおふくろの味がしただろう」と記事を締めくくる。

一九七〇年代の「ディスカバー・ジャパン」キャンペーンは、日本人に伝統的日本の風景を再発見するよう促《うなが》したが、都会に生まれ育った人々の心のなかには「ふるさとがない」という気分がつくりだされた。都会であれ田舎であれ、そこが生まれ育った土地であれば「ふるさと」であるはずなのだが、「おふくろの味」を生みだした「郷愁」の念は、「ふるさと」を「田舎」と規定するに至ったのである。田舎でなければふるさとではない、という心情は、日本特有の歴史的偶然によって形成されたものなのである。

私の両親が晩年を過ごした越後湯沢《えちごゆざわ》のリゾートマンションは、一九九〇年代に、東京都心のマンション並みの高値《たかね》で売りだされたが、当時は、「ふるさと」を求めた人々が東京の販売所に長蛇《ちょうだ》の列をつくったそうだ。私は両親が住んだ部屋をそのまま引き継ぐことにしたので、別宅としてこのマンションの一室を利用しているが、うちの部屋のすぐ上の階の部屋を所有しているご夫婦は、お二人とも東京生まれの東京育ち。「ふるさと」がほしいので、このリゾートマンションを買ったのだと語っていた。

「郷土料理」としての「おふくろの味」は、他にも、「筑前煮」は「博多っ子の〝おふくろの味〟」であるという記述（一九九七〈平成九〉年四月九日、西部版夕刊「人あり　「がめ煮の会」主宰・徳安和美さん〈連載〉」）、寒い夜にはあつあつの鍋が恋しくなった記者が「秋田の〝おふくろの味〟」である「きりたんぽ」をつついた話（一九九八〈平成一〇〉年十二月十一日「食彩図鑑　きりたんぽ　故郷の味、母から娘へ　だし汁染み、ほどよい柔らかさ」）などにも表れている。

「おふくろの味」は「和食」ではあるが、一九九〇年代になると、「健康的」というニュアンスが前面に出てくる。一九九一（平成三）年七月十二日、大阪版朝刊「ティータイム　夫不在でメニューに変革」には、「おふくろの味は、食物繊維が豊富で、かむ力もつき、あごの発達にも良い」ので、「きんぴらゴボウ、ひじきの煮物」などを作っているという主婦が登場する。一九九一（平成三）年八月十八日、東京版朝刊「デパートの弁当、総菜が大人気「少量で多種類」売りものに　小家族化を反映」には、「デパート各店とも、きんぴらごぼう、ヒジキやサトイモの煮物、ぬた、各種サラダなどの〝おふくろの味〟を販売」とある。一九九一（平成三）年十月十三日、大阪版朝刊「食べっきり上手　ひとりのごはん〝ホックリ族〟はおふくろの味」には、「カボチャやジャガイモ、サツマイモなどビタミンをたっぷり含んだでんぷん質の野菜〈ホックリ族〉を使った料理は、素朴で優しい「おふくろの味」」とある。

前の段落の二つ目の記事に「おふくろの味」として「サラダ」が登場するのは意外である。「サラダ」といえば、三章でみた『大学の若大将』（一九六一〈昭和三六〉年）においては、「都会」「贅沢」「お洒落《しゃれ》」というイメージを喚起《かんき》する「夢」の料理であった。四章でみた石坂洋次郎の『陽《ひ》のあたる坂道』でも、〈サラダとパンとベーコンエッグの領域〉は〈反・お茶漬けの領域〉と同義《どうぎ》であり、〈焼き芋の領域〉や〈トンカツの領域〉とは相反する概念領域を形成していた。

しかし、先の一九九一年の記事において「サラダ」は「きんぴらごぼう」や「ヒジキ」と並んで「おふくろの味」の領域にある。この場合、「和食」という意味合いよりも「健康的」という意味合いのほうが勝っているからである。時代とともに、「おふくろの味」の意味が微妙に変化するのがみてとれる例である。

一九九〇年代の「おふくろの味」の最も大きな特徴は、女性たちが「母にはかなわない」と口々に嘆く点にあろう。

一九九二（平成四）年二月十四日、大阪版夕刊「『おふくろの味』具がいっぱいのばらずし」では、「おふくろの味」は何かと尋ねられると、きょうだいが口を揃《そろ》えて「ばらずし」と答えるほど、母のばらずしがおいしかったと語る女性が登場する。「私の舌が覚えている母の懐かしい味」であるそうだ。

一九九二年二月二十八日、大阪版夕刊「おふくろの味　火鉢で煮込んだジャコ豆」における「ジャコ豆」とは、川エビを、大豆、昆布、人参、コンニャク、チクワなどと一緒に煮た煮物のことだ。終戦後の食糧難の時代に母がよく作ってくれたのだと、五十代の女性は語る。市場で川エビを見つけて早速煮てみたが、「母の味に、やっと八〇％ほどまで到達できるようになったかな」と思っているそうだ。

一九九二年三月十三日、大阪版夕刊「おふくろの味　型押ししたヨモギ団子」において、六十七歳の主婦は、「どんなに工夫してもきばっても、母のようには出来ない」と嘆いている。「母から「もっと心を入れて作ってみなさいな」との声が聞こえてきそうだ」と言う。

一九九二年五月一日、大阪版夕刊「おふくろの味　料亭並み　高野豆腐の含め煮」の投稿者は三十一歳の主婦である。彼女の母は彼女が十七歳のときに他界した。母親が作った「高野豆腐の含め煮」は「料亭並みの味」だったそうだ。彼女は、「思い出して作ってみるが、近づくことはできても並ぶことも追い抜くこともできない」と嘆いている。

一九九二年五月十五日、大阪版夕刊「おふくろの味　大根料理・ほうとう」の四十六歳の主婦にとっては、大根のいちょう切りを葉と一緒に油で炒め、味噌と砂糖で味つけした「大根の料理」、それから「ほうとう（うどん）」が「おふくろの味」だそうだ。前者に関しては、「何度もそのいためものを作ってみたが、当時、とてもおいしいと思ったあの味がいまだに出せない」と言い、後者に関しては、「これは私には絶対にまねのできない代物だ」と言っている。

一九九二年十月十九日「赤でんわ　母が漬けた最後の梅干し　年経るごとに価値増す宝物」においては、二七年前に他界した母が最後に漬けた梅干しがまだ手元にあるのだと言う、四十六歳の女性からの投稿だ。彼女は、「母が亡くなった年になってもいまだに満足な梅干しを漬けられないでいる」と恥じいっている。

「母にはかなわない」と感じる女性投稿者の例が多くなってきたので、あとは、「母にはかなわない」という発言のバリエーションだけを示すことにしよう。「どうしても母のあのまったりした味が出ない」「それでも母の味に負けてしまうのだ」「母のまろやかさは出せないと知った」「いつの日か「おふくろの味」が出せるようになりたい」などである。

なぜ一九九〇年代に、娘たちは母親に対して白旗《しろはた》をあげて、母の偉大さを称揚するのだろう？

二章で、歴史社会学者の落合恵美子《おちあいえみこ》を引用して、「母親譲りの作法を身につけた「お嬢様」の演出」[131]を主たる価値観として提示した女性雑誌『ＪＪ』（光文社、一九七五〈昭和五〇〉年創刊）に言及した。そして、『ＪＪ』における「保守性」を、経済的繁栄の最中《さなか》にあった日本が保守的な時代に突入したことの表れであると分析した。『ＪＪ』でとりあげられたのは、母から娘へと受け継がれる、ハイブランドのバッグや洋服だった。
それと同じ現象がここにも存在するのである。母からハイブランドのバッグを受け継いだ娘は、母が父と結婚し自分を生み育てた、その人生を丸ごと肯定している。娘は母の人生のなかに包含される存在である。その外側に自分自身のより良い人生を築きあげようとするよりは、母の人生を肯定し、それをなぞって生きることによって自分自身のアイデンティティを築きあげようとしている。

「お嬢様」という価値観はそういうことである。自分自身が新しい価値観をつくりだすのではなく、自分が裕福な家庭に育ち、満ち足りた幼少時代を送ったことを自分自身のアイデンティティとする価値観である。

母の料理を肯定することは、母の人生を肯定することなのである。自分自身はその外側にはいない。自分のほうが母よりも料理がうまい、またはその他の点で自分は母を超えたと思う女性は、自分の生《お》い立ちをアイデンティティとはしない。自分が成し遂げたことをアイデンティティにするであろう。

そういう意味において、一九九〇年代にみられる「母にはかなわない」現象は、広く日本全体を包みこんだ「お嬢様」ブームの一つの表れであるといえよう。

八　二〇〇〇年代〜二〇二〇年代――「馴染み深い味」

二〇〇〇年代から二〇二〇年代をまとめて論ずることにする。前節でみた「母にはかなわない」という文脈は、相変わらず多くみられる。それに伴って、母から受け継いだ料理を自分の娘にも受け継いでほしいと思う例も多くみられる。

二〇〇八（平成二〇）年九月八日「早見優さんのお品書き　チキンのトマト煮　芯から温か、祖母の記憶」をみてみよう。歌手の早見優《はやみゆう》が幼少のころを過ごしたのは、グアムとハワイであった。ヨーロッパ育ちの祖母がよく作ってくれた料理がチキンのトマト煮だった。仕事で疲れたときなどにふと食べたくなる。記憶を頼りに自分でも作るようになった。早見優には二〇〇八年の時点で七歳と五歳の娘がいる。「将来、娘にも料理を教え、この味を引き継いでほしいですね」と早見は言う。

二〇〇五（平成一七）年十二月八日、大阪版朝刊「気流　おふくろの味を聞いてみたいな　主婦・清水宏子50（大阪府枚方市）」において、主婦の清水さんは、二男が幼稚園のころ、お母さんの作るもので大好きなものは何と聞かれて、「おにぎり」と答えたことがショックだった。

「子供たちにとって、母親の味とはどんな料理かな」と考えた。何か、聞くのが怖い気もする。ひとつでも「おふくろの味」と呼べるものがあるだろうか。「ああ、この味、この香りだよ」と言ってほしいなあ。

「おふくろの味」が二〇〇〇年代に至ると、日本語の語彙《ごい》に確固たる位置を占めたことを示す例である。「おふくろの味」はすでに一つの料理のジャンルとして認識されているのである。

二〇〇〇年代から二〇二〇年代の記事に出現する「おふくろの味」の具体例を列挙《れっきょ》してみよう。

肉じゃが、卵焼き、ヒジキ、切り干し大根の煮物、ツクシの煮物、煮物全般、手打ちそば、山菜おこわ、きんぴら、サバのみそ煮、ふろ吹きダイコン、けんちん汁、キノコご飯、けんちんうどん、おにぎり、漬物、煮豆、から揚げ、カレーライス、グラタン、ハンバーグ、コロッケ。以上は、和食ジャンル、最後の五つは和風化した洋風料理である。私が数えた限りでは、肉じゃがは七回、煮物全般は三回、カレーライスは二回、おにぎりも二回出てくる。

「郷土料理」のジャンルでは次の料理が言及されていた。豆腐のみそ漬け、ぬか床、サーターアンダギー、コイ料理、笹だんご、しょうゆ豆、さつまあげ、さつま汁、黒豚、酒ずし、きびなご、バラ寿司、いしるの貝焼き、おやき、べっこう寿司、アンコウ鍋、ほうとう、打ち込みうどん、サワラの押しずし、ヨモギのおはぎ、オクラ漬け、地獄煮そうめん。

「おふくろの味」が確固たる位置を占めたことの一つの証《あかし》が、二〇〇〇年代には、「おふくろの味」に関するアンケートが頻繁に行われていることだ。「おふくろの味」という言葉と概念は、人々によって共有されるようになったからこそ、アンケートが可能になる。序章で述べたように、大学の教室で学生たちに、また、公開講座で社会人の方々に、「あなたの「おふくろの味」は何ですか?」と尋ねることができたのも、「おふくろの味」が人々の口の端《は》に上《のぼ》る言葉となったからこそである。

二〇〇〇年代の紙上でとりあげられたアンケートの一つ目は、二〇〇〇(平成一二)年七月、日清製油《にっしんせいゆ》によって行われたものである(二〇〇〇〈平成一二〉年十月六日、東京版朝刊「サバのみそ煮、いなりずし、おにぎり…　我が家の定番から消える/日清製油調査」)。日清製油が全国の四十五歳以上の男女約七〇〇人に「思い出の味　おふくろの味」について聞いたところ、「みそ汁」「肉じゃが」「煮野菜」「ちらしずし」「カレー」の順番であったそうだ。

二つ目は、二〇〇二(平成一四)年、味の素によって行われた(二〇〇四〈平成一六〉年九月二十二日、大阪版夕刊「おんなと男・上方流　いまどきの食　第4章「調味料」　おいしさ+美

図6-1 「おふくろの味」のイメージが高いメニュー　味の素 2002（平成14）年

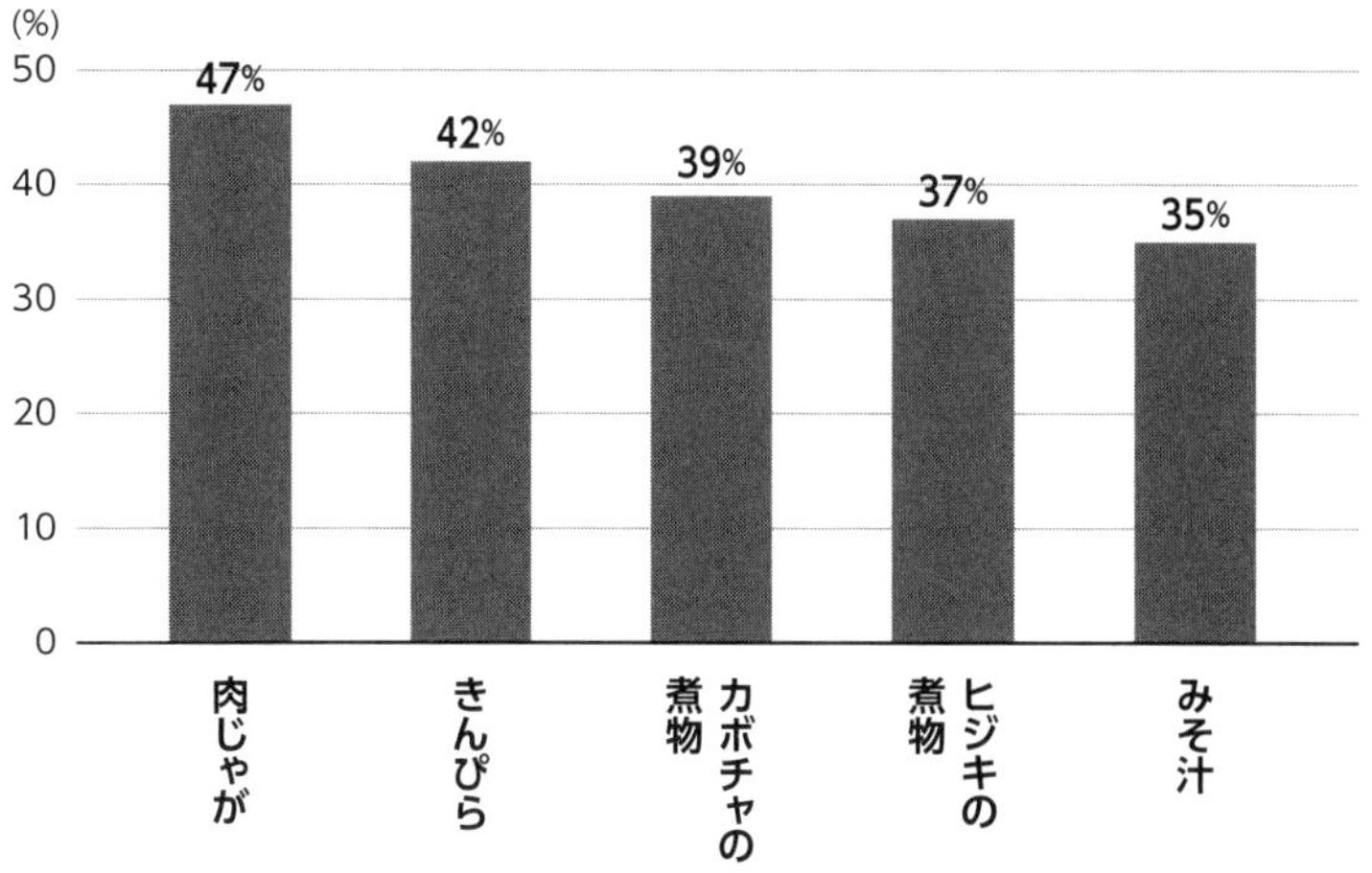

容と流行」）。「おふくろの味」のイメージが高いメニューについてアンケートをとったところ、「図6－1」のようになった。

三つ目は、二〇〇五（平成一七）年、読売新聞社によって行われた（二〇〇五年四月二十九日「おふくろの味は？　肉じゃが、みそ汁…「家庭の食卓」読売新聞社世論調査」）。その結果は「図6－2」（次ページ）である。

四つ目は、二〇〇六（平成一八）年、読売新聞社によって全国の中学生約一千人を対象に行われ、週刊KODOMO新聞に掲載された（二〇〇六年十一月二十五日、東京版夕刊「青春リサーチ　「自宅でネットを利用する回数」ほか」）。その結果を示したものが「図6－3」（次ページ）である。

二〇〇〇年代から二〇二〇年代において、

図6-2 「おふくろの味」は何？

読売新聞社
2005（平成17）年

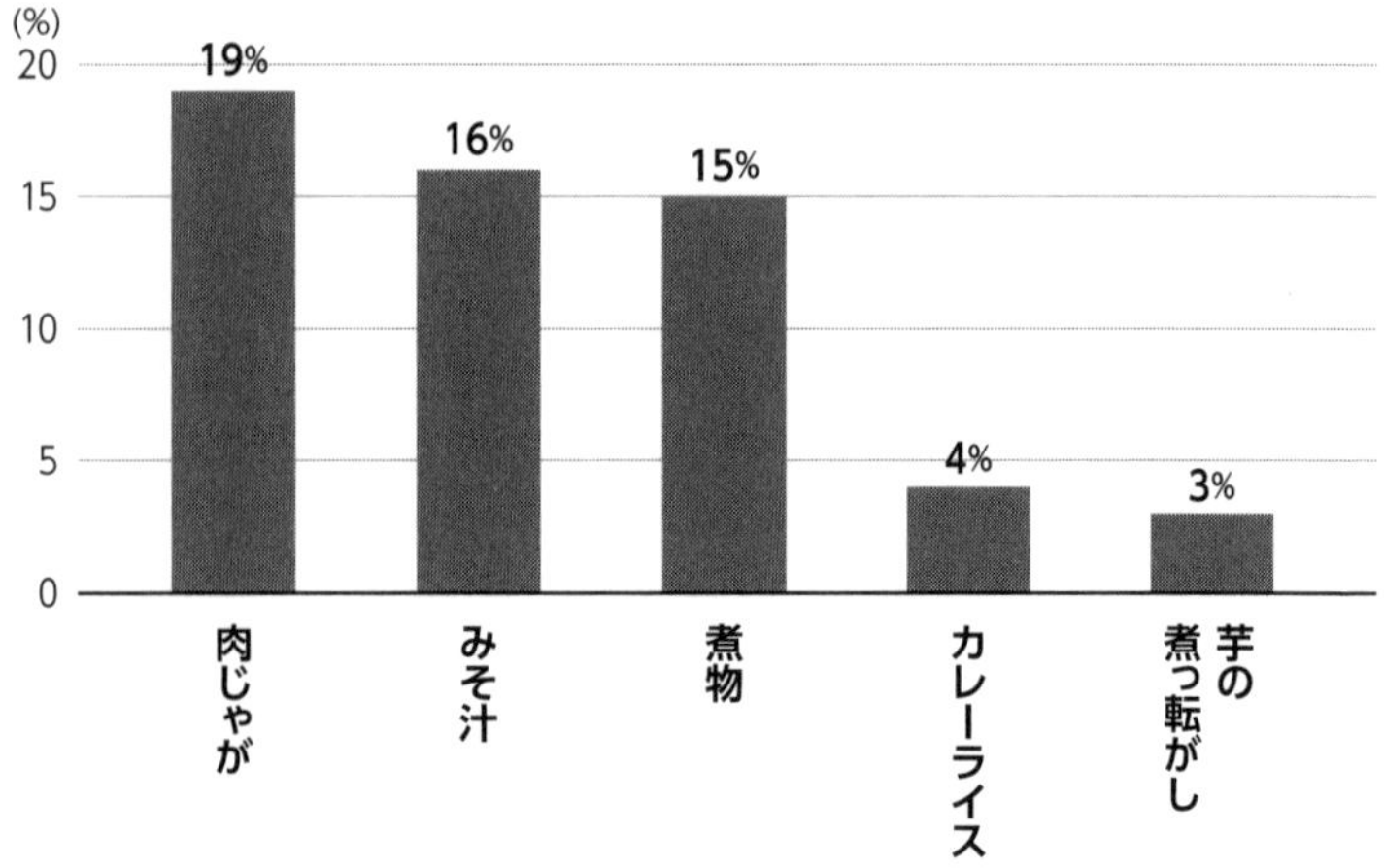

図6-3 「おふくろの味」と聞いて思い浮かべる料理

読売新聞社
2006（平成18）年

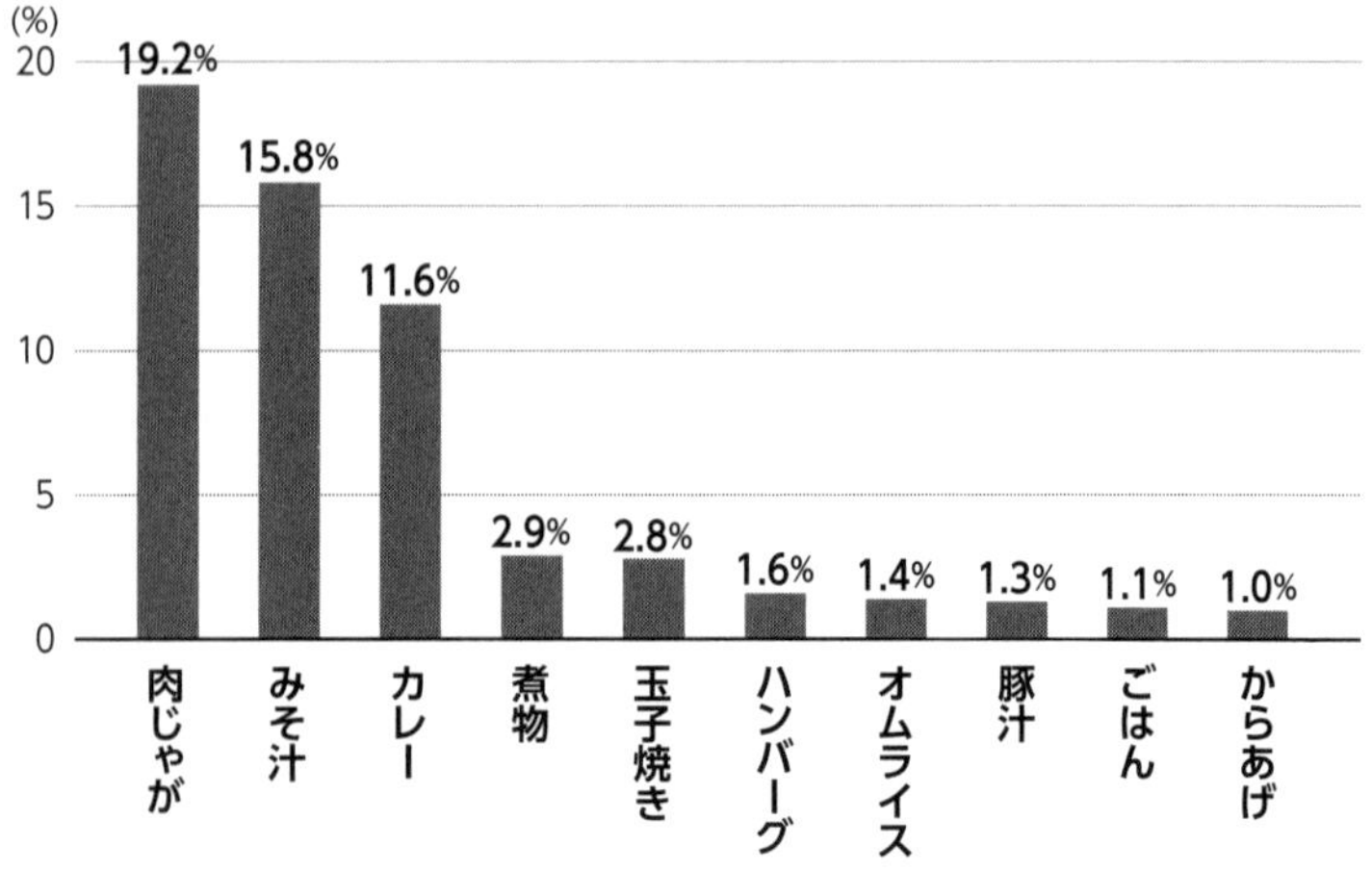

刮目《かつもく》すべき例がある。これを本書における「おふくろの味」最後の例としよう。恐らく「馴染み深い味」という意味で使用されている。次のような文章である（二〇一九〈平成三一〉年二月二十六日「インサイド財務省　金融（5）金融庁　兄弟か他人か〈連載〉」）。

粉雪が舞った2月中旬の昼過ぎ。金融庁の職員たちが坂を横切り、財務省3階の職員食堂へ向かった。

「俺の古里はこっち。おふくろの味だからね」。大蔵省時代から通う幹部は食券を買い、野菜たっぷりのラーメンをかき込んだ。

「野菜たっぷりのラーメン」はこの金融庁幹部にとって「馴染み深い味」なのであろう。それを「おふくろの味」と呼んでいるわけだが、そう名づけるに至る背景として、財務省と金融庁との関係を解きおこさなければならない。

「江戸城の外堀にあった虎之御門から永田町へ抜ける裏道」は「三年坂」と呼ばれる。五階建ての財務省庁舎の南側にある。三年坂を挟《はさ》んだ正面には三〇階を超す二棟の中央合同庁舎7号館がそびえ、その西館の三～一八階に金融庁が入っている。向かい合わせの二つの建物は「対照的にみえる」。

一九九八年六月、金融機関の検査・監督機能が大蔵省から切り離され、金融監督庁が生まれた。二〇〇〇年、名称が金融庁に変わった。金融庁は「大蔵官僚と金融業界のもたれ合い」の過去を否定すべく設立された庁である。金融監督庁の初期のメンバーは、「信仰の自由を求めて英国から米国に移住した清教徒になぞらえて」「ピルグリム・ファーザーズ」と呼ばれた。

人材不足を補うために、財務省から金融庁への出向が続いたが、今では生え抜きの職員も多い。

このような背景を理解してこそ、右の金融庁幹部の発言が理解できるのである。彼は大蔵省から重責《じゅうせき》を背負って金融庁に異動した。金融庁に異動してからも、坂を挟んだ向こう側にある食堂に通っていた。そのビルには古巣の財務省（大蔵省）が入っている。不退転《ふたいてん》の覚悟であとにした古巣であった。それは彼にとって戻ることのできない「ふるさと」であった。だから、その食堂でいつも食べていたラーメンが「おふくろの味」なのである。

この場合の「おふくろの味」は、一九八〇年代に発生した様々な意味――「伝統的な和食」「手作り料理」「郷土料理」「母から娘へと継承される家の味」――のどれでもない。ラーメンは伝統的な和食でも郷土料理でもない。店で提供されるものかあるいはインスタントであるから、家庭で手作りされた料理ではない。当然、家庭で代々受け継がれた味ではない。

この場合の「おふくろの味」は、「馴染み深い味」である。郷愁を誘うけれども、故郷に対する郷愁ではなく、自分が慣れ親しんだ場所・職場に対する郷愁である。

このような意味において、この最後の記事は、「おふくろの味」が多様な意味をはらんでいったこと、さらに、これからも多様な意味をはらんでいくだろうことを示す例となろう。

[註]

序章

（1）イギリスのシェイクスピア学者・ジョナサン・ドリモアがいうように、「私たちの意識はイデオロギーによって形成され、その社会秩序の内部に自分自身を自律的な個人として経験することもあるだろうが、その秩序は実際私たちの内部に存在するのである」（Jonathan Dollimore, Radical Tragedy: *Religion, Ideology and Power in the Drama of Shakespeare and his Contemporaries* 〈New York, London, Toronto, Sydney, Tokyo: Harvester Wheatsheaf, 1984〉 p. 9. 筆者訳）。「イデオロギー」に関しては、大野雅子『ノスタルジアとしての文学、イデオロギーとしての文化――『妖精の女王』と『源氏物語』、「ロマンス」と「物語」』（英宝社、二〇〇六年）を参照。

（2）大野雅子『母恋い――メディアと、村上春樹・東野圭吾にみる〝母性〟』（PHPエディターズ・グループ、二〇二二年）一一四―一一五頁。

（3）大野『母恋い』一一四頁。

（4）大野雅子『母なる海――『豊饒の海』にみる三島由紀夫の母恋い』（PHPエディターズ・グループ、二〇二二年）二六〇頁。「母子一体化の愉悦の沼」とは、フランスの精神分析学者・ジュリア・クリステヴァ（一九四一年―）の用語である。クリステヴァによれば、主体は、主体として自己を確立する以前、母は「前＝対象」（いまだ対象とならない一体化した母）である。言語を習得し、父と同一化するとき、主体は主体となり、母子一体化の空間から脱却《だっきゃく》する。これを「棄《き》却《きゃく》（アブジェクシオン）」と呼ぶ。

（5）『天人五衰』における「ホットケーキ」のテーマを発展させて、「三島由紀夫のホットケーキ‥『天人五衰』における「おふくろの味」」として、『群系』第四八号（二〇二二年）に載せた。
（6）加藤純一「「おふくろの味」志向のゆくえ―その三層構造と変遷をめぐって―」、『食の科学』二四四（一九九八年）一〇二―一一一頁、「「おふくろの味」志向のゆくえ（承前）―TV番組にみる〝現代性〟と〝地域性〟―」、『食の科学』二四五（一九九八年）一〇四―一一一頁。
（7）加藤「「おふくろの味」志向のゆくえ―その三層構造と変遷をめぐって―」一〇二頁。
（8）加藤「「おふくろの味」志向のゆくえ―その三層構造と変遷をめぐって―」一一〇頁。
（9）加藤「「おふくろの味」志向のゆくえ―その三層構造と変遷をめぐって―」一〇七頁。
（10）河合隼雄『母性社会日本の病理』（一九七六年）講談社＋α文庫（講談社、一九九七年）。河合は、西洋文化が「強烈な母の否定」（二三頁）の上に成り立っているのに対し、日本社会は、「母性原理を基礎にもった『永遠の少年』型の社会」（四〇頁）であると論ずる。
（11）江藤淳『成熟と喪失―〝母〟の崩壊―』（一九六七年）講談社文芸文庫（講談社、一九九三年）。江藤は、アメリカ人を「カウボーイ」型、日本人を「農民的・定住者」型であると論じた（八―一一頁）。
（12）牟《む》田《た》和恵《かずえ》『戦略としての家族――近代日本の国民国家形成と女性』（新曜社、一九九六年）二二頁。
（13）加藤「「おふくろの味」志向のゆくえ―その三層構造と変遷をめぐって―」一〇二頁。
（14）湯澤規子『「おふくろの味」幻想――誰が郷愁の味をつくったのか』光文社新書（光文社、二〇二三年）八七頁。
（15）湯澤、八七頁。
（16）湯澤、一四〇頁。
（17）「ディスコース」は英語では discourse。もとはフランス語の discours「ディスクール」。「ディスコース」という概念の確立に大きな影響を及ぼしたのは、フランスの哲学者・思想家・文芸評論家のミシェル・フーコー（一九二六―一九八四年）である。博士論文だった『狂気の歴史』（一九六一年）が高い評価を受けたことから、フーコーの活動は始まった。『狂気の歴史』は、「狂気」という言葉と概念が「権力」や「体制」と結びついていく歴史的プロセスを詳細に論じた大著《たいちょ》である。ルネッサンス期にはしばしば積極的な意味で捉《とら》えられていた「狂気」という概念が、一八世紀に至ると、「理性」を対照項として否定的な意味を帯びるようになったということが論じられている。「ディスコース」に関しては、大橋洋一《おおはしよういち》編『現代批評理論のすべて』（新書館、二〇〇六年）参照。

（18）新歴史主義に関しては、富山太佳夫《とみやまたかお》編『現代批評のプラクティス―2　ニューヒストリシズム』（研究社出版、一九九五年）参照。

（19）富山、一七頁。

（20）富山、一八頁。

一章

（21）加瀬和俊『集団就職の時代――高度成長のにない手たち』（青木書店、一九九七年）三六頁。

（22）加瀬、三八頁にあげられている数字をもとに作成。加瀬が数字をあげている都府県のうち、本稿で議論するにあたって、省略した県もある。加瀬が使用したもとの数字は「国勢調査」である。

（23）加瀬、四四頁。

（24）長野県の名物は「野沢菜漬《のざわなづ》け」である。「たくあん」を登場させるのは、リアリティーに欠ける嫌いはある。

(25) 小泉和子編『女中がいた昭和』（河出書房新社、二〇一二年）。奥田暁子「女中の歴史」、奥田暁子編『鬩《せめ》ぎ合う女と男―近代㊦』〈藤原セレクション〉（『女と男の時空――日本女性史再考⑩』〈全一三巻〉〈藤原書店、二〇〇〇年〉）。

(26) 奥野健男『ねえやが消えて――演劇的家庭論』（河出書房新社、一九九一年）四三頁及び五二頁。

(27) 実は私には一つも思い当たらない。私の好きな現代作家は、村上春樹《むらかみはるき》、東野圭吾《ひがしのけいご》、角田光代《かくたみつよ》、湊《みなと》かなえなどである。その作品のどれにも「お手伝いさん」は登場しない。たとえば、角田光代の作品の特徴としては、核家族のなかで子育てを一身《いっしん》に背負わなければならない女性の苦悩、または、母親に抑圧《よくあつ》されて育った女性がその後の人生において背負う心理的歪《ゆが》み――これらがテーマ（時に隠れたテーマ）となることである。奥野が指摘するように、現代日本の家庭においては、他人の目がなくなったことで「劇場性」が消失した。そのため、家族内の関係性があまりにも密接になった。その弊害《へいがい》が、角田の作品に描かれるような、心理的歪みや家族内殺人を引き起こしていると思われる。

(28) 奥野、二六頁。

(29) 奥野、二九頁。

(30) 原作は、山本茂実《やまもとしげみ》『あゝ野麦峠――ある製糸工女哀史』（一九六八年）。大日本帝国の主要輸出品である生糸《きいと》の生産を支えた女性たちを描いたノンフィクション作品である。明治四〇年代、岐阜県飛騨《ひだ》地方の農家の娘たちは長野県諏訪《すわ》地方にある製糸工場に働きに出た。野麦峠とは、飛騨と信濃《しなの》を結ぶ峠の名称。冬は雪深い。娘たちはここを歩いて越え、故郷を遠く離れた工場での過酷《かこく》な労働に身を投《とう》じた。この作品の映画化（一九七九年、山本薩夫《やまもとさつお》監督、大竹《おおたけ》しのぶ主演）が、その年の邦画配給《ほうがはいきゅう》収入ランキングの第二位となる人気を博したことによって、「野麦峠」

と女工たちの話は、多くの人々の知るところとなった。

(31) 加藤常子《かとうつねこ》『女中使ひ方の巻（嫁入文庫第十篇）』（実業之日本社、一九一七〈大正六〉年）。小泉、二四頁から引用。

(32) 奥野、二三―二四頁。

(33) 小泉、一〇九―一一一頁。

(34) 小泉、二四頁。

(35) 清水美知子《しみずみちこ》『〈女中〉イメージの家庭文化史』（世界思想社、二〇〇四年）一五一―一五二頁。

(36) 小泉、二九頁。

(37) 藤井淑禎《ふじいひでただ》『清張ミステリーと昭和三十年代』文春新書（文藝春秋、一九九九年）一二二頁。

(38) 阿古真理『うちのご飯の60年――祖母・母・娘の食卓』（筑摩書房、二〇〇九年）六九―七五頁。

(39) 阿古、七八頁。

(40) 「キッチンカー」とは、一九五六（昭和三一）年から一九六〇（昭和三五）年まで、日本食生活協会が、アメリカの援助を受けて、日本各地を回って栄養指導を行った大型バスのことである。キッチンカーの中には冷蔵庫や食器棚も備えつけられていた。目の前で専門家が調理した「できたてのハイカラな料理」を試食することもできた（岸康彦《きしやすひこ》『食と農の戦後史』〈日本経済新聞出版社、一九九六年〉八九―九〇頁）。

(41) 江原絢子《えはらあやこ》、東四柳《ひがしよつやなぎ》祥子《しょうこ》編『日本の食文化史年表』（吉川弘文館、二〇一一年）を参照しながら、他の本からも適宜《てきぎ》情報を追加した。

(42) 「三種の神器」開発に関しては、朝日新聞学芸部『台所から戦後が見える』（朝日新聞社、一九九五年）六一―七二頁参照。

(43) 江原、東四柳、三二六頁。

(44) 湯澤規子『7袋のポテトチップス――食べるを語る、胃袋の戦後史』(晶文社、二〇一九年)三一二頁。「7袋のポテトチップス」とは、湯澤氏の息子さんとその友だち七人が湯澤家のリビングに集まったとき、七人の少年がそれぞれ自分がもってきたポテトチップスを他の人と分けあうことなく食べたというエピソードから発想された題名である。「個に閉じた胃袋」(三〇九頁)の象徴となっている。

(45) 湯澤、二一四頁。

二章

(46) 沢山美果子《さわやまみかこ》『近代家族と子育て』(吉川弘文館、二〇一三年)一〇〇頁。

(47) 小山静子《こやましずこ》『良妻賢母という規範』(勁草書房、一九九一年)一〇一頁。小山の参照元は、伊東《いとう》壮《たけし》「不況と好況のあいだ」、南博《みなみひろし》編『大正文化』(勁草書房、一九六五年)一八三―一八七頁。

(48) 大野雅子『母恋い――メディアと、村上春樹・東野圭吾にみる〝母性〟』(PHPエディターズ・グループ、二〇二一年)三八頁。

(49) 上野千鶴子『近代家族の成立と終焉』(岩波書店、一九九四年)八〇―八一頁。

(50) 山尾美香『きょうも料理――お料理番組と主婦　葛藤の歴史』(原書房、二〇〇四年)一〇〇頁。山尾は、東京大学大学院人文社会系研究科修士課程(社会情報学)在学中に結婚し、その新米主婦《しんまいしゅふ》時代の悩みから、本書のもととなった修士論文のテーマを思いついたそうだ。

(51) 山尾、一一二頁からの引用。

(52) 山尾、一一四頁。山尾の引用元は次の二冊の本である。NHK放送文化研究所編『日本人の生活時間・2000　NHK国民生活時間調査』(日本放送出版協会、二〇〇二年)、日本放送協会放

送世論調査所『国民生活時間調査　昭和四五年度』（日本放送出版協会、一九七一年）。

（53）ＮＨＫ放送文化研究所編『日本人の生活時間・２０００　ＮＨＫ国民生活時間調査』六二頁の表を簡易化した。

（54）註53の表。

（55）江原絢子《えはらあやこ》、東四柳《ひがしよつやなぎ》祥子《しょうこ》編『日本の食文化史年表』（吉川弘文館、二〇一一年）三二六頁。

（56）井上輝子《いのうえてるこ》、江原由美子《えはらゆみこ》編『女性のデータブック［第4版］』（有斐閣、二〇〇五年）八五頁の表を簡易にしたもの。専業主婦の数は、全有配偶《ゆうはいぐう》女性のうち非労働力の人口。

（57）落合恵美子「ビジュアル・イメージとしての女―戦後女性雑誌が見せる性役割―」、『日本女性生活史　第五巻　現代』女性史総合研究会編（東京大学出版会、一九九〇年）二三〇頁。

（58）落合、二三〇―二三一頁。

（59）奥野健男『日本文学史――近代から現代へ』中公新書（中央公論新社、一九七〇年）一八五―一八六頁。

（60）落合、二二八頁。

（61）木村涼子『〈主婦〉の誕生――婦人雑誌と女性たちの近代』（吉川弘文館、二〇一〇年）二六〇頁。

（62）湯澤規子『「おふくろの味」幻想――誰が郷愁の味をつくったのか』光文社新書（光文社、二〇二三年）三二一頁。

（63）阿古真理『うちのご飯の60年――祖母・母・娘の食卓』（筑摩書房、二〇〇九年）一八二頁。

（64）井上、江原、八五頁。

（65）牟田和恵『戦略としての家族――近代日本の国民国家形成と女性』（新曜社、一九九六年）二〇―二二頁。

（66）牟田、二〇頁。

三章

(67) 湯澤規子『7袋のポテトチップス――食べるを語る、胃袋の戦後史』（晶文社、二〇一九年）二二一頁。湯澤の引用元は、河村明子《かわむらあきこ》『テレビ料理人列伝』生活人新書（日本放送出版協会、二〇〇三年）九七頁。
(68)『きょうの料理』のバックナンバーは国立国会図書館蔵。
(69) インターネットサイト「みんなのきょうの料理（kyounoryouri.jp）きょうの料理レシピ 台湾カステラのフルーツサンド、講師 若山曜子」。二〇二三年二月一三日閲覧。
(70) 河村、一四頁。
(71) 河村、二〇頁。湯澤、一五二頁。
(72) 井家上隆幸《いけがみたかゆき》『あらすじで味わう昭和のベストセラー』（廣済堂出版、二〇〇四年）を参考にした。
(73) 河村、一八―一九頁。
(74) 阿古真理『小林カツ代と栗原はるみ』新潮新書（新潮社、二〇一五年）二三―三四頁。
(75) 杉山欣也《すぎやまきんや》「三島由紀夫における国境認識：「アメリカ」を視座として」、Anais do ENPULLC（二〇一六年九月）二六七―二八一頁、うち二六八―二六九頁参照。http://doi.org/10.24517/00051673（二〇二三年二月一七日閲覧）。
(76) ジョン・ネイスン著、野口武彦《のぐちたけひこ》訳『新版・三島由紀夫――ある評伝』（新潮社、二〇〇〇年）一六八―一七二頁。
(77) 国会図書館デジタル資料。
(78) 魚柄仁之助《うおつかじんのすけ》『国民食の履歴書――カレー、マヨネーズ、ソース、餃子、肉じゃが』（青弓社、二〇二〇年）四三頁及び五七頁。魚柄の本では、明治時代から戦前までの初期のマヨネーズ、卵や油を使用しない「規格外マヨネーズ」などに関する詳細が紹介されている。

（79）https://www.kewpie.com/company/about/history/（二〇二三年二月二十日閲覧）。

（80）河村、四六―四七頁。

（81）インターネットサイトnippon.comの二〇二〇年一月九日の記事「台湾への日本人観光客、二〇〇万人を突破：台北一極集中など課題も浮き彫りに」には、次のように書かれている。「近くて、お手頃価格でグルメを楽しめる台湾は日本からの人気の海外旅行先の一つ。２０１９年の日本から台湾への旅行者は２００万人を突破した」（https://www.nippon.com/ja/japan-topics/g00799/）。二〇二三年二月二十四日閲覧。

（82）高橋久子《たかはしひさこ》『変わりゆく婦人労働』有斐閣選書（有斐閣、一九八三年）一六頁の数字をもとにグラフ化した。四章で言及するように、一九六〇年の女性の大学進学率五・五％の内訳は、四年制大学が二・五％、短期大学が三・〇％であった。四章の註98参照。

（83）「統計情報リサーチ　大学進学率の推移」（https://statresearch.jp/school/university/students_5.html）。二〇二三年五月十七日閲覧。

（84）THE SANKEI NEWS「探訪あのころ～戦後70年　海外旅行創生期　制約だらけの高根の花」二〇一五年五月二十四日（https://www.sankei.com/article/20150524-IYGYZ2VJNRLQPAFLU3G365X2A/）。二〇二三年二月二十七日閲覧。

（85）須藤廣《すどうひろし》、遠藤英樹《えんどうひでき》『観光社会学――ツーリズム研究の冒険的試み』（明石書店、二〇〇五年）一三〇頁。

（86）ネイスン、一四二頁。

（87）THE SANKEI NEWS「探訪あのころ」。二〇二三年二月二十七日閲覧。

（88）REUTERS「オピニオン：平成相場を彩った「超円高」、次の時代は円安に＝佐々木融氏」

(https://jp.reuters.com/article/opinion-tohru-sasaki-idJPKCN1OP03M)。二〇二三年二月二十七日閲覧。二〇一一（平成二三）年の東日本大震災《ひがしにほんだいしんさい》の発生後に一ドルは七五円台になった。これが史上最高値である。しかし、「日米のインフレ率の差を勘案した実質実効為替レートで見ると、この時の円高はそれほど極端な円高とは言えない」そうである。確かに、二〇一一年にアメリカに行ったとき、物価が安いとは特に感じなかった。

(89) 澄子のバックグラウンドは一切語られない。東京で家族と一緒に暮らしているのか、地方出身で一人暮らしなのか、まったく情報がない。どちらの場合であっても、一介《いっかい》の勤め人が、登場するたびにきれいな新しい洋服を着ているのは、現実的には説明がつかない。裕福な実家から援助があるという設定があるのかもしれないが、それも明らかではない。このことも、「若大将シリーズ」が、生活の細部を度外視《どがいし》することによって、夢の世界を現出していることの一つの表れであり、かつ要因でもある。

四章

(90) スイスの言語学者・哲学者のフェルディナン・ド・ソシュール（一八五七―一九一三年）は、シニフィアン（意味するもの、言葉）とシニフィエ（意味されるもの、概念や事物《じぶつ》）との「恣意《しい》的」な結びつきが言語を形成すると唱え、シニフィアンとシニフィエとの結びつきを「記号（英語ではsign）」と呼んだ。ある言葉がある事物を描写するようになったのは、偶然の結びつきによるのであって、その間に本質的なものはないという考えである。本書においては、「イメージ」という言葉も用いるが、ある食べ物が「高級」や「庶民的」というイメージをもつことにおいても、本質的な要素はなく、歴史の偶然によって、「恣意的に」そのようなイメージをもったということを強調するために、「記号」という用語も用いる。言葉と事物の恣意的な結びつきに関しては、拙著『母なる海――『豊饒の海』にみる三島由紀夫の母恋い』（ＰＨＰエディターズ・グループ、二〇二二年）において、「海」のメタファーを論ずる際にも詳述した。

(91) 奥野健男『日本文学史――近代から現代へ』中公新書（中央公論新社、一九七〇年）一九八―一九九頁。

(92) 「戦後派文学」とは、「戦前文学と断絶した異質」の文学、「敗戦によりすべての既成価値が崩壊し、何の建造物もない焼跡のように廃墟になった自由な空間」に構築された文学を指す（奥野、一九三頁）。奥野があげている作家たちのなかから例をあげると、以下のような作家たちが「戦後派文学」に含まれる。野間宏《のまひろし》、梅崎春生《うめざきはるお》、椎名麟三《しいなりんぞう》、中村真一郎《なかむらしんいちろう》、福永武彦《ふくながたけひこ》、加藤周一《かとうしゅういち》、武《たけ》田泰淳《だたいじゅん》、埴谷雄高《はにやゆたか》、大岡昇平《おおおかしょうへい》、木下順二《きのしたじゅんじ》、三島由紀夫《みしまゆきお》、安部公房《あべこうぼう》など（奥野、一九六頁）。

(93) 奥野、二一〇―二一一頁。

(94) 川本三郎《かわもとさぶろう》『今ひとたびの戦後日本映画』岩波現代文庫（岩波書店、二〇〇七年）二七三―二八八頁を参照。

(95) 井家上隆幸《いけがみたかゆき》『あらすじで味わう昭和のベストセラー』（廣済堂出版、二〇〇四年）五七頁。

(96) 小松伸六、解説、石坂洋次郎『陽のあたる坂道』講談社文庫（講談社、一九七一年）五七一―五七二頁。

(97) 石坂洋次郎『陽のあたる坂道』。以下、この本からの引用は、かっこ内に頁数のみ。

(98) 利谷信義《としたにのぶよし》、湯沢雍彦《ゆざわやすひこ》、袖井孝子《そでいたかこ》、篠塚英子《しのつかえいこ》編『高学歴時代の女性』有斐閣選書（有斐閣、一九九六年）三〇頁。

(99) 産経新聞文化部編著『食に歴史あり――和食・洋食事始め』（産経新聞出版、二〇〇八年）八―二一頁。

(100) 岡田哲《おかだてつ》『とんかつの誕生』講談社選書メチエ（講談社、二〇〇〇年）四四頁。
(101) 江原絢子《えはらあやこ》、石川尚子《いしかわなおこ》、東四柳《ひがしよつやなぎ》祥子《しょうこ》『日本食物史』（吉川弘文館、二〇〇九年）一九五―二三六頁。
(102) 江原他、二二一頁に言及。中川愛氷の『四季の台所』からの引用は、国会図書館デジタル資料。旧漢字は新漢字に改めた。
(103) 江原他、二二二―二二三頁。
(104) 以上、「日本の食生活全集 新潟」編集委員会（代表・本間伸夫《ほんまのぶお》）編『聞き書 新潟の食事』日本の食生活全集15（農山漁村文化協会、一九八五年）一八七―二一八頁。
(105) 以上、「日本の食生活全集 東京」編集委員会（代表・渡辺善次郎《わたなべぜんじろう》、本橋到《もとはしいたる》）編『聞き書 東京の食事』日本の食生活全集13（農山漁村文化協会、一九八八年）九七―一三〇頁。
(106) 渡辺実『日本食生活史』（吉川弘文館、一九六四年〈復刊・縮刷版、二〇〇七年〉）三〇六頁。
(107) 最近では、大根おろしとともに食べる、和食化されたステーキもある。
(108) 『牛肉と馬鈴薯』において、「馬鈴薯」は「理想の追求」、「牛肉」は「世間的成功」を象徴している。理想を追い求めることをやめて、世間的成功をおさめた男が、「鬼のような顔《つら》をして、血のたれるビフテキを二口に喰って了《しま》うんだ」という記述が小説内にある（国木田独歩『牛肉と馬鈴薯・酒中《しゅちゅう》日記』新潮文庫〈新潮社、一九七〇年〉三八頁。
(109) 宮沢賢治『オツベルと象』宮沢賢治のおはなし10（岩崎書店、二〇〇五年）。以下、この本からの引用は、かっこ内に頁数のみ。
(110) 檜垣立哉《ひがきたつや》『食べることの哲学』教養みらい選書002（世界思想社、二〇一八年）七八頁。
(111) 檜垣、八一―八二頁。
(112) 山本《やまもと》嘉次郎《かじろう》『日本三大洋食考』（昭文社出版部、一九七三年）六二―六三頁。「コロッケの唄」は、帝劇のオペレッタ「カフェーの夜」のなかで歌われた。全文は次のようである。「ワイフもらって／嬉しかったが／いつも出てくる／おかずはコロッケ／きょうもコロッケ／あすもコロッケ／これじゃ年ごら年中／コロッケ／アッハッハ、アッハッハ／こりゃおかしい」（山本、六一頁）

(113) 日本式のトンカツが誕生する経緯に関しては、岡田、一四三―一七二頁。

(114) 岡田、一六八頁。

(115) 江原他、二〇五頁。

(116) 森永卓郎《もりながたくろう》・監修『明治・大正・昭和・平成　物価の文化史事典』（展望社、二〇〇八年）六四―六五頁。

(117) 岡田、一六四頁。

(118) 森永、六四―六五頁。

(119) 江原他、一九二頁。

(120) 江原他、二三六―二三九頁。

五章

(121) 石坂洋次郎『光る海』新潮文庫（新潮社、一九六九年）三六一頁。

(122) 食べ物とは関係ないが、〈都会対田舎〉の構図は、軽井沢の別荘の庭で草むしりをする地元の女性たちの登場によって立ち現れる（前掲書、四〇八頁他）。方言を丸出しにした彼女たちのあけすけな会話は、この作品の主要人物たちによる、しばしば日常会話としてはあまりにも形而上的な話とは、明らかに対照的である。

(123) 以上、節米運動に関しては、斎藤美奈子『戦下のレシピ――太平洋戦争下の食を知る』岩波現

代文庫（岩波書店、二〇一五年）三〇―三九頁参照。
(124) 明治三〇年代から米の輸入が始まり、最初はタイやインドから外米がもたらされた。大正期からは、日本の植民地となった台湾や朝鮮半島で米の増産が進められた。台湾や朝鮮半島における現地消費量があがると、再び東南アジアからの外米が販売されることになった（斎藤、四七―四八頁）。
(125) 斎藤、四九―五〇頁。
(126) ちなみに、この記事には米党・パン党に関して興味深い結果が出ている。米党は、学歴の高い人ほど少なく、パン食加味党は、「都市、給料生活者、産業労働者、二十歳台、学歴の高い層」に多いそうだ。
(127) 伊東昌輝《いとうまさてる》「解説」、平岩弓枝『女と味噌汁』（単行本は一九六七年、現文社刊）集英社文庫（集英社、二〇一六年〈初版は一九七九年〉）二五三頁。ちなみに、伊東は平岩の夫である。
(128) 平岩弓枝『女と味噌汁』。以下、この本からの引用は、かっこ内に頁数のみ。

六章

(129) 阿古真理『うちのご飯の60年――祖母・母・娘の食卓』（筑摩書房、二〇〇九年）一八二頁。
(130) 井上輝子《いのうえてるこ》、江原由美子《えはらゆみこ》編『女性のデータブック［第4版］』（有斐閣、二〇〇五年）八五頁。
(131) 落合恵美子「ビジュアル・イメージとしての女―戦後女性雑誌が見せる性役割―」、『日本女性生活史　第5巻　現代』女性史総合研究会編（東京大学出版会、一九九〇年）二二八頁。

付録　「おふくろの味」インタビュー集

多くの方々が、「おふくろの味」についての思い出を語ってくださいました。誠にありがとうございました。

序章でも述べましたが、本書は、「おふくろの味」というトピックに対して、二つの相反するスタンスをとっています。一方では、「おふくろの味」が近代において構築された概念であり、女性を母性のなかに閉じこめるイデオロギーとして機能していることを指摘しようとしています。しかし同時に、「おふくろの味」は、人々の心を温かい気持ちで満たしてくれる、なつかしい母の味、故郷の味です。昔母がこんな料理を作ってくれたという思い出が心に刻みこまれているからこそ、巣立ってからの長い年月を自信をもって生きることができるのです。

インタビューにはその両方が表れています。「おふくろの味」などないという人と、「あの料理、この料理」とたくさんあげてくださる人と、両方いらっしゃいました。私は、前者に対しては、「本当にないのですか？　思い出してくださ い」と言い、後者に対しては、「本当にそんなに簡単なものかしら？」と、実は、疑念の念をもってしまいました。どちらも真実であり、同時に、どちらも真実ではないからでしょう。

結論はありません。でも、このインタビュー集が本書のなかで一番おもしろいと言っていただけそうな、そんな気がしています。それは、悲しくもあり、うれしくもあり。

---

*インタビュー記事は、ご本人による一人称での語りの形式にしました。メールの場合は、ご本人の文章をなるべく活かす形にしましたが、適宜編集を加えています。〔 〕内は私のコメントまたは感想です。メールでいただいたものに関しては、コメントは加えませんでした。

*ご本人の特定を避けるため、フィクションを加えてあります。

*インタビュー記事が、四月から八月に飛ぶのは、大学の前期の授業中、インタビューを実施する余裕がなかったためです。

六十代男性（二〇二三年三月　都内の喫茶店にて）

十代のころを宇都宮で過ごした。父親が転勤族だったので全部で一三回も転校したが、宇都宮時代のことがなぜか一番なつかしく思い出される。宇都宮は、今や「餃子《ぎょうざ》の街」として有名であるが、一九七〇年代は「ぎょうざ」の「ぎょ」の字もなかった。子どものころに食べたものとして一番記憶に残っているのはトンカツである。家では作らなかった。肉屋で揚げてもらう。肉屋のおやじが、厚く切った豚肉にメリケン粉をつけ、卵にくぐらせ、パン粉をつけて、揚げ油のなかに投入《とうにゅう》する。油に入れられた豚肉からジュー！という音が出る。その光景を思い出すと、ジュー！という音が今でも聞こえてくるような感覚に襲《おそ》われる。母親と一緒に夕方の買い物に出かけたとき、肉屋に立ち寄ってトンカツが揚がるのを見るのが楽しみだった。家族全員分を揚げるのだから、かなり時間がかかったはずだ。

なぜ家で揚げなかったのだろう。母親が手間《てま》を省《はぶ》こうとしたわけではない。コロッケとトンカツは店で揚げてもらうのが普通だったのだ。

スーパーはあったが、食材を買うのは、商店街だった。肉屋、魚屋、八百屋《やおや》、惣菜屋《そうざいや》。スーパーには、ガチャ、ガチャ、ガチーンという音を出すレジがあった。〔携帯で「古いレジ」と検索し、画像を見せてくれた。数字の一から九までのボタンが縦に並んでいて、それが何列かある。今では「江戸東京たてもの園」に行かないと見ることはできない。〕

〔この男性は私と同年代である。私が、子どものころ、朝食はもっぱらご飯だったという話をした。〕朝はパンにジャムをつけて食べた。それと、目玉焼きと日東紅茶《にっとう》のティーバッグで入れた紅茶。焼けるとポン！という音とともにトーストが飛びだしてきた。〔トンカツのジュー、レジのガチャ、トースターのポン——音の記憶が鮮やかだ。〕

母は「クッキングシート」と呼ばれる料理のレシピカードを愛用《あいよう》していた。正方形の厚い紙が単語帳みたいに綴《つづ》られていた。それを見ながらよく作ってくれたのが、ハンバーグだった。「おふくろの味」が母のオリジナルという意味であればハンバーグかもしれないが、しみじみ思い出すとか、母のハンバーグをもう一度食べたいとか、そういう感慨を呼び起こすものではない。

妻には母の味を再現することは求めていない。結婚するとき母に言われたことは、妻の作る料理には、とりあえず、「おいしい」と言え、ということ。妻の役割が料理を作ることだとは思っていない。

五十代女性（二〇二三年三月　都内の喫茶店にて）

〔拙著《せっちょ》『母恋い——メディアと、村上春樹・東野圭吾にみる〝母性〟』（ＰＨＰエディターズ・グループ、二〇二一年）と『母なる海——『豊饒の海』にみる三島由紀夫の母恋い』（Ｐ

HPエディターズ・グループ、二〇二二年）の編集者である。『母恋い』出版に際して、ブログに告知を出すことにした。「肉じゃが」の写真があると、「母」のイメージとして適切だと思い、私よりは断然《だんぜん》料理上手だと想像される編集者に、肉じゃがを作って、その写真を送ってくれとお願いした。」

肉じゃがについての家族の反応？　無反応《むはんのう》。誰も感激してくれなかった。かえって戸惑《とまど》っていたようだ。普段、肉じゃがは作らない。肉じゃがを「おふくろの味」だと思ったことはない。

母の世代は、結婚または出産とともに仕事を辞《や》めることが一般的だったので、母も専業主婦になった。しかし、娘にその価値観を押しつけることはなく、子どものころから自立するよう促《うなが》されてきた。私自身も経済的に自立することを当たり前のことと思って生きてきた。私のなかには、子どもが生まれて仕事を辞めるという選択肢《せんたくし》はなかった。

母から受け継いだ料理はない。母から受け継ごうと思ったこともない。母にもそんなことを言われたことはない。

母の作った料理として好きだったのは、強《し》いていえば、コロッケと唐揚《からあ》げ。「おふくろの味」と呼んでもいいが、特になつかしいわけではない。

「「おふくろの味」エピソードをなかなか聞きだせそうにないので、母親との間に心理的トラウマを抱《かか》えているのかと想像し、話をその方面に振った。」私の母は、私をコントロールしようとはしなかった。私の自由を尊重してくれた。母との間に軋轢《あつれき》はない。

「私は、今までの人生を通じて、世の中の男性たちによる男尊女卑《だんそんじょひ》の発言に傷ついてきた。しかし、そういう発言に傷つくこと自体が、男性たちの保守《ほしゅ》的な価値観のなかに存在しているということを意味している。私の編集者に対する発言は、まるで姑《しゅうとめ》が嫁に向かって言う言葉のようだった。女性が料理をするのは当たり前という考えのもとになされていたのだと思う。この本全体の論旨《ろんし》としては、女性は、「おふくろの味」イデオロギーに巻き込まれ、そのイデオロギーを堅固《けんご》なものにするのに知らず知らず加担《かたん》している、ということである。編集者は、このイデオロギーに加担しないよう、精いっぱい足を踏《ふ》ん張《ば》っているのだ。」


六十代男性〈二〇二三年三月　都内のホテルラウンジにて〈私のゼミの卒業生も同席〉〉

大学卒業後、政府機関に勤務。一九八〇年代から二〇〇〇年代にかけて、タイと米国各地に駐在《ちゅうざい》。海外勤務は十年以上に及ぶ。ニューヨーク生活が長い。子どもたちは永住権を得て、すっかりアメリカに溶け込んでいる。

一九八〇年代後半の経済・文化摩擦を経て、「同盟漂流」が危惧された冷戦終結後の日米関係。揺らぐ二国間関係を再構築すべく、政府が巨費を投じてある基金を設立した。長《ちょう》として、ワシントンのシンクタンクを巻き込み、政策指向の日米知的交流に努《つと》めた。歴史問題対策にも関わった。

「おふくろの味」？　ない。味噌汁《みそしる》の味噌は赤味噌か白味噌か？　どちらでもいい。関西出身なので、もともとは白味噌だが、即席の「あさげ」と「ゆうげ」で十分。お雑煮《ぞうに》の餅《もち》の形？　丸でも四角でもどちらでも。こだわりはない。

母は大阪の船場《せんば》の出身で、谷崎潤一郎《たにざきじゅんいちろう》の『細雪《ささめゆき》』を地《じ》で行くような優雅《ゆうが》な少女時代を送った。大勢の丁稚《でっち》さんや炊事担当の女中さんたちに囲まれた母は料理を仕込《しこ》まれなかった。太平洋戦争末期、大阪空襲で母の贅沢《ぜいたく》な生活に終止符《しゅうしふ》が打たれた。疎開先の滋賀《しが》で教師のもとに嫁《とつ》ぎ、自身も小学校の教師になった。家事は主に祖母の仕事だった。家族全員で食卓を囲むことはほとんどなく、大抵は祖父母と弟と一緒に、祖母が作った夕食を食べた。

弁当を母に作ってもらった記憶はない。明治生まれの祖母がサンドイッチを作ってくれたのだから、今思うと頑張ってくれたのだなと思う。マスタードなんてものはなかったので、辛子《からし》を使っていた。「マスタードじゃないの？」と指摘してしまったことが悔《く》やまれる。

母がのちに、親子四人で囲む、すき焼きの鍋が楽しい、といった内容の短歌を新聞の短歌欄《らん》に応募して採用《さいよう》されていたので、母にとって、すき焼きは楽しい思い出だったのだろう。牛肉はよく食べた。小さいころは、月に一～二回京都の大丸《だいまる》に連れて行ってもらうのが楽しみだった。新京極《しんきょうごく》の「スター食堂」という名前の食堂でハンバーグやミートスパゲティを食べた。〔インターネットで調べてみると、一九二五（大正一四）年創業の老舗《しにせ》。現在は、洋食屋としてのみならず、焼き肉、ステーキ、しゃぶしゃぶなど、多様な業務《ぎょうむ》内容で京都で多数の店舗《てんぽ》を展開している。〕

母と家庭料理が結びつかないので、結婚してからも妻に「おふくろの味」を再現してほしいと思ったことはまったくない。妻も豊富な国際キャリアを持つ女性だったので、自身に主婦という自覚はなかったと思う。私自身は料理は好きで、特に肉料理をよく作る。

海外でなつかしく思った日本食？　うーん、特にないかな。〔私自身が一九九〇年代に留学していたときの話をした。ハドソン川沿いにあったヤオハンという日本のスーパーで、「食パン」を見つけて感動した話。〕「食パン」？　そう？　どうして？〔日本の食パンはフワフワで、ああいうパンはアメリカにはない、と言った。〕うーん、そうですか。

あるアメリカ人が「おふくろの味」について語っていた。ユダヤ系の日本研究者。「チキンスープ」。ドロドロしてあんまりおいしくないけど、彼にとってはなつかしいのだろう。〔ゼミの卒業生の感想：海外生活のことがいろいろ聞けて楽しかった。さらにいろいろな人の話を聞きたい。私も、彼女が一緒にいてくれて、一人のときよりもずっと楽しかった。私は、文学をやっているせいか、物事をセンチメンタルに捉《とら》える傾向がある。誰もが石川啄木《いしかわたくぼく》のように故郷をなつかしむわけではない。」

三十代男性（二〇二三年三月　メールにて）

私にとっての「おふくろの味」は豚汁《とんじる》です。夕飯のメニューに困ったときによく作ってくれた。食卓に登場する回数が多かったから、また、他の料理にくらべてマシだったから、というのが理由でしょうか。

後年《こうねん》、私の妻となった人が、結婚前に作ってくれた豚汁が、具材《ぐざい》のチョイス、切り方、味つけという点で、母の豚汁と酷似《こくじ》していたのです。それが結婚の決め手となったといってもいいくらいです。人生の大きな決断のきっかけとなったのが豚汁だった、という意味でも、豚汁は特別な料理です。

四十代女性（二〇二三年三月　メールにて）

母が亡くなる前に、うちの「おふくろの味」は何だろうね、という話をしました。そのときすでにかなり体調が悪かったのですが、思いついた料理（ひき肉と野菜の炒め物）を一緒に作ってもらって、レシピを残してもらいました。兄も、その炒め物に関しては「なつかしくてうちを思い出す」と言っていたので、我が家の「おふくろの味」なのだと思います。

昔読んだ漫画で、突然お母さんが亡くなって、カレーを作ろうと思ったら、全然お母さんの味にならなくて、お母さんはいろんなルーを混ぜていたらしい、というエピソードがありました。

五十代女性（二〇二三年四月　メールにて）

大学のとき、よく「おふくろの味」を語っていた福岡県出身の男子がいました。「オレのおふくろは、悪いけど、美人だよ」とか、「オレのおふくろは、悪いけど、料理うまいよ」とか。「おふくろの味」を語る男子は、大体、母を美人だと自慢する確率が高いような気がします。妻の手料理を自慢する男性も、妻が美人なのを自慢するような気がします。「悪いけど」と枕詞《まくらことば》をつける確率も高い。全然悪くないけど……と思って私は聞いていました。

私にとっての「おふくろの味」は何だろう？　一品《ひとしな》だけ選ぶのはむずかしい。女性が回答すると趣旨と違うかもしれませんが、いくつかあげますね。

ちらし寿司と蛤《はまぐり》のおつゆ。我が家では、家族の誕生日には、必ずお赤飯が食卓に登場します。子どものころ私は、お赤飯があまり好きではありませんでした。三月生まれでお雛《ひな》祭りが近いので、具沢山《ぐだくさん》で季節感溢《あふ》れる色彩《しきさい》のちらし寿司と、蛤のおつゆを母は毎年作ってくれました。

茶碗蒸《ちゃわんむ》しとプリン。母の作る茶碗蒸しとプリンが大好きです！　卵の割合というか、本体《ほんたい》の硬さと蒸し加減が、私の好みです。

アップルパイ、ミートパイ、シナモンロール。子どものころ、おやつによく作ってくれました。焼きたてのパンやパイのおいしかったこと！　今でも時々食べたくなるほど、記憶に残っています。母は子育て期間が終わると、パンやお菓子を焼かなくなったので、今では脳内に残る幻の味です。時々、記憶のなかのそれらが食べたくなって、売っているものを買うけれど、シナモンロールもミートパイも、全然違って、がっかりします。いい大人なんだから、母に教わって、自分で作れよ！ですよね（苦笑）。

五十代男性（二〇二三年四月　メールにて）

私の母は料理を作るのが嫌いで、下手でした。そのころはテフロン加工のフライパンがなかったので、チャーハンを作るときは、ご飯が鍋にこびりつかないように、サラダ油を足しながら、炒めていました。味つけは醤油のみ。油っぽくて、米が焦《こ》げていました。油たっぷりのチャーハンも、あれはあれでおいしく食べていました。他人からはまずそうにみえるけど、本人は喜んで食べているものがあると思います。納豆とトマトに砂糖をかけて食べる友人を見て驚いた記憶があります。

五十代男性（二〇二三年四月　メールにて）

旅行で台湾に行き、アルジェリア人がオーナーをしているバーを訪れました。そこで出会った六十代と三十代の二人のアメリカ人男性と、三十代のフィリピン人男性に「おふくろの味」について聞いてみました。「おふくろの味」の直訳《ちょくやく》は無理なので、「お母さんが作ってくれたなつかしさを感じる料理」と言い換えて聞いてみました。

六十代のアメリカ人男性は、お母さんではなく、彼のおばあ様が作ってくれた「モラセスクッキー」（Molasses は糖蜜《とうみつ》、粗糖《そとう》などの原料から白い砂糖を精製《せいせい》するときに現われる黒い副産物《ふくさんぶつ》。沖縄の糖蜜よりかなり濃厚《のうこう》で苦《にが》い）だそうです。祖母の家のドアを開けて、オリエンタル模様《もよう》のくたびれたカーペットの上を歩いてキッチンに向かう。キッチンテーブルの上にクッキーが置いてある。それを食べる。そんな情景が今でも思い出されるそうです。クッキーは食べるだけではなく、一緒に作ることもあったそうです。その体験もノスタルジックな記憶として残っているそうです。

このクッキーの材料の一つ「モラセス」の代表的なブランドは、Grandma's Original Molasses（おばあちゃんのオリジナル糖蜜）。おふくろの味と同じ郷愁を誘う（誘おうとするマーケティング）のブランド名です。

三十代のアメリカ人男性にとっては、彼のおばあ様の「オートミールレーズンクッキー」。

何度も繰り返し使用され古びたジップロックバッグに入っていたのを思い出すそうです。

三十代のフィリピン人男性にとっても、「おふくろの味」は彼のおばあ様の味で、「ホットチョコレート」だそうです。

家の畑にカカオの木が植えてあった。その木からカカオフルーツを収穫する。種の部分を四日かけて乾燥させ、そのあとローストする。しばらくすると種が割れるので、中の部分（カカオニブ）を粉砕《ふんさい》して、加工し、小さな板状《いたじょう》にする。チョコレートの元になる、その板状のものと、ココナッツミルクを混ぜて、ホットチョコレートにする。

その工程《こうてい》と体験にノスタルジーを感じるのかもしれません。

彼のお母様はずっと日本に出稼《でかせ》ぎに来ていたそうなので、おばあ様が残った家族のために食事の支度《したく》をしていたのではないかと思います。


私自身の母ですが、農業と祖父の介護でかなり忙しい人だったので、普段は、簡単な料理ばかりでした。味つけは粉末《ふんまつ》の出汁《だし》。私が十五歳になるころまでは、葉タバコの作付《さくつけ》面積が少なかったので、葉タバコのオフシーズンの間に、かぼちゃを栽培《さいばい》して出荷していました。そのため、冬になるとかぼちゃだけは家に大量にありました。出荷できないかぼちゃを、砂糖と醤油で少し焦げ目がつくくらい煮たのが大好きで、これは飽きなかった。

私は五人兄弟ですが、一番上の姉が、母の料理は見た目は悪いけど、おいしいと言っていました。

今では、実家に帰った時に、私が料理して母に食べさせています。

五十代女性（二〇二三年四月　メールにて）

「おふくろの味」ですか……。絶対的にこれ！といったものはないです。よそのお宅でごちそうになったり、学生時代、友人とお弁当のおかずの交換をしたりしたときに、「やっぱり、卵焼きは自分の母親の味がしっくりくる」と思ったことがあったので、強いていえば「卵焼き」なのかもしれません。

一九七〇年代に子ども時代を過ごした私世代は、今では日常と化したメニューが、食卓に実験的・挑戦的《ちょうせん》に登場し始めた時代でした。言い方は悪いけれど、当時は田舎くさいとされた「和」のメニューと、目新《めあたら》しくておしゃれで裕福さの象徴的な「洋（中華も含む）」のメニューが交錯《こうさく》していた時代でした。

目新しくておしゃれな「洋」のメニューが台頭しはじめた背景には、七〇年代の子どもの母親世代が経験した戦後の食糧難、それと、海外への憧憬《どうけい》もあったのではないかと思います。

専業主婦について。私の母の場合は、結婚しても（出産してもではないところが時代ですよね）仕事を続けたかったけれど、そうする術《すべ》がなかったクチで、「あんたたち（の世代）がうらやましい」とさんざん言われながら育ちました。当時は確かに、まわりのお母さんは専業主婦が多かったです。そんな時代に育ったので、「おふくろの味」というと専業主婦のお母さんが作った料理を想像してしまいがちです。

現代の食の多様化には目を見張ります。

七十代姉妹（二〇二三年八月　北海道にて〈母方のいとこたち〉）

〔姉妹のお母さんは、三年前に百二歳で亡くなった。私にとっての叔母《おば》さんである。〕母は料理が好きでもないし得意でもなかったので、「おふくろの味」についてはほとんど覚えていない。よくキャベツの油炒《あぶらいた》めを作っていた。キャベツと人参、それと肉の代わりにさつま揚げが入っていた。出汁《だし》が出るからといって。さつま揚げのことは「かまぼこ」と呼んでいた。本物のかまぼこも「かまぼこ」と呼んだから区別していなかったのだと思う。さつま揚げは切り干《きぼ》し大根にも入れた。近所に魚売りが来ていたのでそこで買ったものだ。

〔私の母と姉妹のお母さんは北海道の伊達《だて》市で生まれ育った。叔母さんが同じ伊達市の男性と結婚したころ、戦争が始まった。叔母の両親と夫は、新天地《しんてんち》を求めて満洲《まんしゅう》に移住することを決意した。彼らに随《したが》って、まだ幼かった長男と次男の手を引いて旅立った。私の母がそのころどうしていたのかはまったく不明だ。満洲には行かなかったと思われる。小さかったから親戚にでも預けられていたのだろうか。〕

父のお父さん〔＝祖父〕は船乗りだった。祖母は祖父と結婚する前に警察官と結婚していたらしいが、女の子を産んだあと、追い出されたそうだ。子どものころに患《わずら》った熱病のせいで「知恵遅れ※」になっていたそうだから、それが原因だったのだろう。祖父がなぜ「出戻り※」で「知恵遅れ」の祖母を嫁にもらう決心をしたのかはわからない。祖父はそのころすでに四十代だった。貧乏のせいで結婚が遅れたのだろう。祖父と祖母との間には子どもが五人生まれた。私たちの父が長男だった。〔※「知恵遅れ」「出戻り」は現在は差別用語になるが、当時の表現をそのまま使用した。〕

祖父は船乗りを辞めて農業をやった。村一番の貧乏だった。父は学校や近所でばかにされたそうだ。父は尋常《じんじょう》小学校を出るとすぐ近隣の富裕な農家に奉公《ほうこう》に出た。そこの稲刈《いねか》り機で指を一本切り落とした。指が一本足りない父の右手は、成功した老年に至っても、幼年のころの苦労の証《あかし》だった。父は人一倍ハングリー精神に満ちた人だった。満洲から引き揚げて最初に落ち着いた先は室蘭《むろらん》だった。室蘭で何をしていたのかはわからない。その後どういう理由で滝川《たきかわ》に来たのかもわからない。私たちが生まれたのは滝川市。満洲から引き揚げてくるときに一番上の兄が亡くなった。

戦後の復興期《ふっこう》、父は建設ブームで沸《わ》いていた北海道でがむしゃらに働いた。大きな建設会社の常務《じょうむ》にまでのぼりつめた。学歴がないことがコンプレックスだったかもしれないが、それは子どもたちや孫たちに少しでも良い環境を与えたいという願いとなった。

満洲で覚えた餃子《ぎょうざ》が生涯にわたって父の好物《こうぶつ》だった。焼くのではなく、ゆでる。「餃子鍋」をするときは、家族総出《そうで》で餃子の皮と餡《あん》を作った。茶筒《ちゃづつ》の蓋《ふた》で丸く皮をくり抜いた。大量の餃子を沸騰《ふっとう》したお湯に入れる。玉ねぎを摺《す》りおろしたのを薬味にして生《き》醬油で食べる。次の日の朝は、餃子をゆでたお湯に豆腐とネギと醬油を入れてスープにした。これがおいしかった。

「おふくろの味」について語るはずが、話がそれたね。そんなものないのよ。母は子どもたちのために工夫して料理を作ってくれるような人ではなかったのよ。この餃子鍋はどちらかというと「父の味」。

〔以上は、姉妹に共通した話。次は、姉妹のうち姉のほうの話。〕私の「おふくろの味」の話をしましょう。男の子二人産んだから大変だった。二人ともスポーツやってたから、よく食べた。お米は月に四〇キロ食べた。カレーライスのときなんて、ご飯七合炊いた。飯場《はんば》みたいだって友達に言われた。子どもたちはカレーライス食べながら、それぞれ牛乳一パック直飲《じか》みした。毎日自転車飛ばしてスーパーに買い物に行ったのね。若いから体力あったのね。

子どもたちは食べ終わると二階の自分の部屋に戻る。二時間もするとまた下りてきて、「腹減った～」。夜食にうどん作ってやった。翌朝、冷たいカレーをあったかいご飯にかけて食べるのが好きだったっけ。とにかく子どもたちが宝物《たからもの》だった。子どもを育てることを苦労だと思ったことはない。

今は夫婦二人きりの静かな老後。自分がこうやって出かけても〔このインタビューは「いとこ会」の最中に行った。毎日が「飲めや歌え」の大宴会《だいえんかい》であった。〕、夫は一人でご飯作って留守番してくれているから安心。母の「おふくろの味」も自分の「おふくろの味」も過ぎ去った過去。母の料理をなつかしいなんて思ったことない。餃子鍋もたまに作るけど、特になつかしいとは思わない。息子たちに対しても、苦労して育てた分、親孝行してほしいなんて、まったく思っていない。

嫁に「おふくろの味」を受け継いでもらいたいとも思わない。次男の嫁が新婚時代に電話かけてきて、キャベツの油炒めの作り方教えてって言うから教えてあげた。うちのは炒めてから醤油たらして蒸し煮にするから甘じょっぱいの。ベタッとした感じ。強いて言えば、それが代々《だいだい》受け継がれた味かな。

〔次は、姉の話を聞いていた妹のほうの話。〕私のところは女の子二人だったから、一月《ひとつき》のお米は姉のところの半分の二〇キロ。運動会のときには「サラダ巻き」を作った。かんぴょうとかしいたけとかを巻いた昔風の巻物《まきもの》は嫌いだっていうから。中味は、アラスカ（カニカマ）、きゅうり、ツナ、卵、ほうれん草、それとマヨネーズ。彩《いろど》りが大事。赤黄緑。海老天《えびてん》も巻いた。それからいなり寿司も作った。うちでは揚げ物はあまり作らない。煮物が好き。かぼちゃ煮た次の日は、その汁を使って、「なんちゃって丼」を作る。

娘たちに「おふくろの味」を継承《けいしょう》してほしいとは思わない。娘は娘、私は私。私にとっては夫のほうが大事。

〔私の母も姉妹たちの母も料理好きではなかったし、子どもに愛情を注ぐタイプではなかった。手作りのおやつなんて夢のまた夢。いとこの姉妹たちは、母親に対する失望を互いに向かって話すことで、母親を客観視することができたが、私は何でも一人で背負《せお》い込まなければならなかった。今、いとこの姉妹たちは、私にとって、何でも話すことのできる姉のような存在だ。毎年一回は北海道を訪れ、「おふくろの味」を味わわせてもらっている。私にとっての「おふくろの味」は、いとこたちが作ってくれる数々の料理となった。〕

七十代女性（二〇二三年八月　山梨県の別荘にて）

〔東京では猛暑日《もうしょび》が続くなか、ここ山中湖畔《やまなかこはん》の別荘は秋のようだった。前の晩、泊まらせていただき、今朝、テラスで手作りの朝食をいただいている。レタスとパプリカとキュウリのサラダ、トマト、目玉焼きとハム、チーズ、とうもろこし、レーズンパンが、色彩豊かにお皿の上に並べられている。彼女が朝食を作っている間、台所で特に手伝うわけでもなく、眺《なが》めていた。一瞬、自分が子どもに戻って、母が台所仕事をするのを見ているような幻想《げんそう》に襲《おそ》われた。」

私は幸せな人生を送った。〔過去形で語り始めたので、私は何だかしんみりしてしまった。〕子どものころは結核《けっかく》で体が弱かったので、「牛肉食べろ」と言われていた。家は洋品店《ようひんてん》をやっていた。何でも買ってもらえたし、いつもきれいな洋服を着せてもらっていた。

短大の二年間は東京に住んだ。卒業間際《まぎわ》に夫とお見合いした。第一印象は「何て汚い人なんだろう！」だった。靴の踵《かかと》はすり減っていて、背広はヨレヨレ。何回かデートしたけど、気乗《きの》りしなかったので、何も言わずに郷里《きょうり》に帰った。そしたら、しばらくして、実家にやってきて、「お嫁さんにください」って言うんだもの、びっくり。そのとき兄嫁《あによめ》が「請《こ》われて嫁《い》くのが一番よ」と言ってくれなかったら、断《ことわ》っていたと思う。

体が弱かったから、「子どもは産めません」とあらかじめ説明しておいた。結婚してすぐのころ、夫は会社を辞めたいといつもこぼしていた。さぞかしつらかったのだろう。「私が働く！」といって、会社の面接を受けた。一度も働いたことがないのに。ところが、つわりがひどくなって、三日目で退社した。

一人目を産むと子どものころの病弱《びょうじゃく》はどこかに吹っ飛び、すっかり元気になった。三人の子どもを産んで育てた。夫の母を郷里から引きとって一緒に暮らした。四〇年も。義母は男のように働いて夫を育てた気丈《きじょう》な女性。絶対悪口《わるくち》を言わない人だった。近所で私の悪口を言うなんてことは絶対なかった。いつも褒めてくれていたみたい。よく喧嘩《けんか》したけど、何で喧嘩していたのかすぐ忘れて、またいつも通り仲良くなった。気が合ったのかしら。

義母は働きづめの人だったから、「おふくろの味」と胸を張って言えるほどの料理は作らなかったようだ。夫が言うには、カレーライスをよく作ったそうだ。昔のことだから、メリケン粉を溶《と》いたドロドロのカレー。私は食べたことがない。私がいないときに作るので。

義母は、「私が子どもたちの面倒《めんどう》みるから、旅行に行っておいで」と言ってくれたので、世界中を旅した。夫はその後、職場に恵まれ、たくさん稼いできてくれた。私は人生を通じて貧乏したこともなく、家庭にも恵まれ、これ以上の人生はなかったと思う。

［彼女の旦那様は今はお酒を飲まれないが、何年か前までは毎晩ビールを嗜《たしな》んでおられた。そのおつまみは、「お刺身《さしみ》」と決まっていたようだ。「お刺身」はその日に買ってこないといけない。彼女は毎日自転車を飛ばして、スーパーにお刺身を買いに行っていた。これは、私の仕事にたとえると、十年間一度も休講《きゅうこう》にしないのと同じくらいの偉業《いぎょう》であると思う。］

五十代男性二名（二〇二三年九月　都内某所にて）

〔以前、お一人目の五十代男性とお話ししているときに、子どものころ、手作りドーナッツのおやつを食べていたという心温まるエピソードを聞いていたので、何か感動的なバックグラウンドがあるかと思い、話を向けた。〕

小学生のころだから、一九七〇年代だ。学校から帰ると、おやつにドーナッツを食べた。テーブルの上に置かれていたのか、僕が帰ると母が作ってくれたのか、どういう状況で食べたのか、うれしかったのか、どういう感情があったのか、まったく何も覚えていない。

〔子どものころに関して特にセンチメンタルな思い出がない人である。〕

「おふくろの味」？　特にない。「おふくろ」が作ったかどうかはともかく、家で食べた料理で記憶に残っているのは、「ハンドバッグ」。油揚げのなかに豚肉と玉ねぎと人参を入れて煮たやつ。メンチカツの揚げないバージョン。揚げ出し豆腐みたいな。それにとろみをつける。〔cookpad で検索した。「出てきた！」と思ったら、「油揚げハンバーグ」だった。油揚げの中にハンバーグを入れる料理。「ハンドバッグ」という料理名はこの男性の家庭特有のニックネームなのかもしれない。または、「油揚げハンバーグ」の記憶違いだろうか？〕

〔子ども時代の話が広がらないので、大学時代のことに話題を変えた。〕昼は、学食で定食。バイトは家庭教師。その家で「お団子《だんご》」がおやつに出た。〔話を広げるために、私自身の話をした。田舎から出てきて、都心のお洒落な家に家庭教師に行き、「スペアリブ」なるものがでてきて、「一体どうやって食べるのだろう」と大変戸惑《とまど》ったことなど。この男性には特にそういうことはなかったらしい。」
「現在の好物《こうぶつ》は、強いていえば、お刺身。大抵、スーパーで買う。チリ産の冷凍サーモン。それをおかずにご飯を丼いっぱい食べる。一日二食生活で安定している。四十五年間、体重に変化なし。起きてから一〜二時間はゾンビ状態。「午後の紅茶」は飲む。ミルクティーが好き。二食目は夜。特に何時と決まっているわけではない。お腹が空《す》くと食べる。「飢餓《きが》状態」にならないと食べない。〔この方の特徴は、かなり長時間の空腹状態に耐えることができること。夕飯が夜中になっても平気らしい。〕
実は父がシェフだった。〔その場に居合わせた一同驚愕《いちどうきょうがく》。血を引き継いでいない!〕父が家で「はまち」のお寿司を握ってくれたので、今でも「はまち」が好きである。
〔これ以上話が膨《ふく》らみそうにないので、お隣に座っておられた二人目の男性に話を向けた。こちらの方は、先ほどの家庭教師の話に興味をもたれたようだ。〕
最近は個人の家を訪れて教える形式の「家庭教師」って成り立つのだろうか。〔私は、今、この原稿を喫茶店で書いている。隣のテーブルには二十代くらいの男性と制服を着た女子高生が座っている。男性が「じゃあ、さっそく始めましょうか」と発話するのが聞こえてきた。〔何を始めるのだろうか〕と思い、そちらに目を向けた。家庭教師をやっているらしい。家庭教師を喫茶店で行うという新しい形式があることを発見した。〕塾でも家庭教師型の塾があるし。少年少女に対する性加害問題も喧《かまびす》しいし。〔家庭教師をやっていた時代がなつかしく脳裏《のうり》に蘇《よみがえ》ってきた。死ぬまでに再びあの子どもたちに会う機会はあるのだろうか、とふとそのとき思った。〕

私〔再び二人目の五十代男性の話。〕が生まれたのは台東区《たいとう》。〔その場に居合わせた一同驚愕。長年の知り合いの隠された過去であった。〕小学校五年生までだから、昭和四八年まで台東区で過ごした。覚えているのは、近所にラーメン屋があって、よく行ったこと。お客さんがくると、そこから出前《でまえ》をとった。縮《ちぢ》れ麺で醤油味。今家で作るのは、サッポロ一番の味噌ラーメンだから、子どものころの味覚が生きているわけではない。

台東区から郊外に引っ越して、大学院を卒業して就職するまで、ずっとそこに住んでいた。授業の後、誰かの車に便乗《びんじょう》してどこかに食べに行った。車がないとどこにも行けない場所だったから、自《おの》ずと複数で行動することが多かった。

特に食には執着していない。〔確かにそんな感じはする。〕

〔他の何人かの人々も一緒に昼食のテーブルを囲みながらのお話だったので、心の内奥《ないおう》にある思いを吐露《とろ》する雰囲気ではなかった。この二人の五十代の男性たちは、「おふくろの味」

に対してノスタルジックではないどころか、食そのものに対してまったく執着がない。別の機会に、この方たちの食と人生をさらに掘り下げることを楽しみにしている。〕

五十代男性（二〇二三年九月　都内某所にて）

実は生まれは神田。〔驚愕。これも再び、長年知っている方の知られざる過去であった。〕でもすぐに東京郊外に引っ越した。結婚直後の少しの間、妻の実家の近くで暮らしたが、そのあとずっとこの辺《あた》りに住んでいる。両親を引きとって一緒に暮らした。料理のメニューや味つけをめぐって、母と妻との間に諍《いさか》いがあったとは思えない。とにかく、どっちが作ったとしても、僕は「おいしい、おいしい」と言いながら食べた。それが家庭円満の秘訣《ひけつ》。

母は煮物が得意だったが、子どもたちのためにハンバーグも作ってくれた。お弁当にもハンバーグが入っていた。それとウインナーと卵焼き。

〔私が子どものころ、肉が食卓にでてきたことはあまりなかった。魚の煮つけが多かったように記憶している。北海道から新潟に嫁いできた母は、いつも義父母《ぎふぼ》に気を遣《つか》っていたので、子どものために料理を作るという感覚はあまりなかったと思う。私がハンバーグを初めて食べたのは、恐らく大人になってからだと思う。新潟と東京はこんなにも違うのだなあと、この男性のお話を聞きながら思っていた。〕

ハンバーグといえば、娘の夫がスポーツマンで体がでかくてよく食べる。娘夫婦が来たとき、妻は巨大なハンバーグを作る。妻が娘に料理を教えるとか、特にそういうことはない。それぞれにやっている。

〔「家を継ぐ」という概念がお話のなかにでてこないので、聞いてみた。〕僕は長男だったけど、家を継がなければならないとは思っていなかったし、両親からも言われたことはなかった。下に妹がいるが、海外を飛び回るタイプだったので、自然と自分が両親と一緒に暮らすことになっただけ。自分の子どもたちにも家を継いでほしいと思ったことはない。

〔この男性の「知られざる過去」としては、お母様が晩年に認知症《にんちしょう》になられて、その介護に苦労されたこと。〕最初はすごく怒るようになった。夜中に何キロも歩いて行方不明になったりもした。そのあとすごく穏やかになったので、ほっとした。時々近くのイタリアン・レストランに連れだすと、おいしそうに食べている。

三十代男性（二〇二三年十月　都内のスイーツ食べ放題にて）

「おふくろの味」ですか？　ウーン。ありすぎて最初に何を言ったらいいか。母は漬物《つけもの》が得意。きゅうりとか人参とか。それから、煮物かな。筑前煮《ちくぜんに》みたいなやつ。揚げ物は買いますね。高校生のころの弁当箱は二段重ねで、一段目にご飯、その上に海苔《のり》。二段目には卵焼き。甘い味つけの母の卵焼きが大好きだった。それと、ナポリタンがおかずとして入っているのが特徴だったと思う。

両親は晩婚《ばんこん》だった。母が三十四才のとき、僕が生まれた。父に持病《じびょう》があるので、母は料理に工夫するようになったのだと思う。母はとにかく家にいるのが好きで、ほとんど出かけない。料理していないときは掃除《そうじ》している。家のなかでずっと働いている。それが好きみたい。

天ぷらも得意ですね。人参、玉ねぎ、いんげん、ピーマン、レンコン。ソーセージも天ぷらにする。カレーライスは牛肉の塊《かたまり》がすごく軟らかく煮込んである。バーモントの甘口を使う。あと、中華丼《ちゅうかどん》とかつ丼もおいしい。かつはかつ煮にするときもある。

朝食の時間帯は家族それぞれなので、各自でキャベツと卵の炒め物をチンしてご飯と一緒に食べる。母が夜寝る前に作っておくのである。寝る直前まで台所で働いている。

おせちも全部手づくり。黒豆《くろまめ》も煮る。クリスマスが終わるとすぐにおせちの準備をし始める。お雑煮《ぞうに》は母の出身地の味つけ。けっこう濃い醤油味で四角いお餅。

結婚したら、妻に母と同じようなことは求めないでしょうね。無理です。共働《ともばたら》きだと。

〔彼は結婚相手に同業者《どうぎょうしゃ》を希望している。〕

〔彼は私のゼミの卒業生である。うちの学生は素直なところが良いところ。彼のお母様と同年代の私は、自分を母の立場において、彼の話を聞いていた。こんなに素直に感謝してくれる息子がいて、大きくなった今は、力仕事もしてくれるとは、何とうらやましいことか。しかし同時に、私はここまで家事に専心《せんしん》することはできなかったという諦《あきら》めの気持ちもある。一九八〇年代のバブル期に青春を過ごしたという点では同じではあるが、その後まったく異なる人生を送った女性がいるのだ。というよりは、私の人生が特殊だったのだ。あらためて自分自身の人生を振り返った私であった。ゼミの学生たちや卒業生たちのうち何人かは、私が所有する越後湯沢《えちごゆざわ》のリゾートマンションに遊びに来てくれたことがある。彼も近いうちに行きたいと言ってくれた。「お母様も一緒にどうぞ」と、異なる人生を送った同年代の女性と人生を交錯《こうさく》させるべく、誘ってみた。「母はあまり出かけませんから」という答えが返ってきた。」

六十代男性（二〇二三年十月　都内の喫茶店にて）

僕は両親のどちらからも信用されていなかった。やっぱり兄のほうが圧倒的《あっとうてき》に大事だったのだ。父が亡くなったあと、日記を読んでしまった。そこに書いてあったのは兄のことばかりだった。自分のことはほとんど書かれていなかった。

〔不謹慎《ふきんしん》ではあるが、この話を聞きながら、私のなかには小説の構造が浮かんできた。主人公がある日田舎の家の土蔵《どぞう》で父の日記を見る。そこから、過去に思いを馳《は》せ、自伝的小説が始まる。映画だったら、現在と過去が交互に描かれる。子役《こやく》の俳優は主人公役の俳優と同じような顔かたちでないといけない。今はもう流行《はや》らないとは思うが、志賀直哉《しがなおや》的苦悩《くのう》を背負った知的エリート階級の主人公だ。〕

思い出すのはコロッケ。うちは古い家柄《いえがら》で代々地主《だいだいじぬし》だった。僕が生まれたころはもう本格的に農家をやっていたわけではなく、両親は勤めに出ていたが、うちで食べるくらいの米や野菜は作っていた。じゃがいもを収穫すると土間《どま》で干《ほ》す。秋になるとちょうど食べころになる。〔インターネットで調べてみると、春じゃがいもと秋じゃがいもがあり、春じゃがいもは五月から六月が収穫《しゅうかく》時期らしい。それを七月から八月にかけて干すのだろうか。多少記憶違いがあるのかもしれない。〕ホクホクのコロッケだった。僕の妻は基本的に家で揚げものを作らないが、薄く油をひいて、薄いコロッケを揚げてくれるときがある。僕はそれを内心で「コロッケもどき」と呼んでいるが、この名前を妻の前で口に出すことはない。

祖父は僕が生まれる前に亡くなっていた。祖母、両親、兄、僕の五人家族だった。もちろん、祖母と母はうまくいっていなかった。母は仕事をもっていたが、僕たち兄弟のために、子ども向けの食事を別に作ってくれた。魚肉ソーセージを使った野菜炒めが好きだった。山椒《さんしょう》の木が庭に生えていたので、それを採ってきて、すって、山椒味噌にした。僕の地方では「南蛮《なんばん》」と呼ばれる辛いピーマンのような野菜も「南蛮味噌」にした。

高校のお弁当は、サンドイッチにしてもらっていた。空《から》になった弁当箱を夕方家に持ち帰る頃には臭《くさ》くなっているのが耐えられないという理由だった。そのころ、弁当にサンドイッチというのは珍しかったと思う。

〔地元の超一流進学校の教室で、スマートにサンドイッチを食べている、この男性の高校時代の姿が思い浮かぶ。一生を通じて、スマートさを保ち、老年に至った今でも、かつて青春時代を共に過ごしたころと少しも変わりがない方である。〕

五十代女性（二〇二三年十月　メールにて）

子ども時代好きだったメニューはいくつか思いつくものの、その中でおふくろの味のイメージとなると、カレーやスパゲティではなく、けんちん汁や肉じゃがになります。それも大好物だけれども、どこか決め手に欠けるような気がします。

うちは私が六歳のときから母子家庭で、母は女手《おんなで》一つで苦労して私を育ててくれました。自分が働くようになってから、仕事と子育てを両立しながら、家庭生活において季節感を演出することがどれほど大変なことか、想像がつくようになりました。

年末ギリギリまで仕事をし、夜遅くまで正月の支度をしていた母でした。そんな母が作る雑煮と白菜漬《はくさいづ》けは特別においしかったです。肉じゃがやけんちん汁は、どの季節でも食べる機会があったけれど、のし餅の雑煮と自宅で漬ける白菜は、正月だけの特別な逸品《いっぴん》でした。

母が毎年ヘトヘトになりながら、それでも季節感を大切にするためにこしらえてくれたお雑煮と白菜漬け。それが私にとってのおふくろの味です。

実は……母の料理よりも、記憶に残っているのは、母方の祖母の作るカレーです。私がこの世で一番好きだった食べ物です。今は亡きその祖母のカレーは、母のカレーと決定的に違っていて、子ども時代何度か母に、祖母の味を真似て作ってとせがんだ記憶があります。母にはあの味の違いがわからなかったらしく、「同じように作ってるし同じ味だ」というのですが、いや、絶対違う、と私は言っていました。

大きくなって自分でも作るようになり研究し、祖母にも作り方を教えてもらいましたが、どうしてもあの味になりません。祖母も特段《とくだん》変わった作り方をしているわけでなく、ルウも市販のインスタントで、具の材料も同じ、同じ時代の横浜の水で同じ作り方で作っているのに、祖母のあの味はついぞ一度も再現できた試しがありませんでした。

ところが、今回「おふくろの味」について母にも尋《たず》ねるついでに、カレーの作り方を誰に教わったのかと聞いてみたところ、なんと、「おばあちゃんだよ」と言うではありませんか！　ええー、嘘だあ、と思わず言いそうになりましたが……。

「じゃあおばあちゃんは誰に教わったの？」
「知らないけど、おばあちゃんの実家は裕福な商家《しょうか》だったからね。料理人や召使《めしつか》いが何人もいたって言うから」

うーん。……はたして祖母は子どもの頃からあのライスカレーを食べて味を覚えていたのか、花嫁修業《はなよめしゅぎょう》で仕込まれたのか。今となっては確かめる術《すべ》もありませんが、裕福な実家から水呑百姓《みずのみびゃくしょう》のところへ嫁いできた祖母が、戦争をはさんだ時期に、五人の子どもを食べさせるために、必死で食料を手に入れ、いろいろなものを作ったのであろうことは想像にかたくないですよね。

祖母のカレーを最後に食べてからはや数十年。この間《かん》、食品メーカーのルウも改良されてずいぶん味が変わってしまいました。同じ商品を使ってもあの頃の味はもう出せません。祖母のカレーは本当に思い出のなかだけの食べ物になってしまいました。

カレーにしろパスタにしろ、市販《しはん》の商品が味の決め手になっている料理に慣れてしまうと、世代を超えて同じ味を継承するという面では致命的《ちめいてき》ですね。

世の中には手作りの料理だけで育って、インスタントや冷凍食品を大人になるまで一度も食べたことがないという人もいて、そういう男女に哀《あわ》れまれたり非難《ひなん》めいたことを言われたりしたこともあります。うちは一九六六年生まれの私が小学校に上がると同時に母子家庭になりましたから、母は、月曜日から土曜日までは冷凍食品とインスタント食品をフル活用していました。私は冷凍食品とインスタントラーメンで育ったと言っても過言ではないくらいです。でも、それでもおいしくお腹《なか》いっぱい食べて育ちましたし、母の手料理の味もちゃんと覚えています。社会人になってから「冷凍食品なんて子どもに食べさせるものじゃない」とか「片親《かたおや》はかわいそう」とか言われても、料理に時間かけられる環境にあった人とくらべられてもね……と思ってしまいます。

八十代女性（二〇二三年十月　メールにて）

小学生の頃、母が小麦粉を練《ね》ってドーナツをおやつに作ってくれました。生地《きじ》を輪《わ》にして油で揚げてお砂糖をかけてくれましたが、食べる子どもが多いので輪にするのが間にあわず、沖縄のサーターアンダーギーみたいになってしまったけど、おいしかったです。

母さんのそのドーナツの味が忘れられず、その後長じてからも売っているドーナツを買ったことはないし、食べたいとも思わないから不思議です。貧乏で子だくさんだったからね。今みたいなしゃれたドーナツなんて買えなかったのよ。

七十代女性（二〇二三年十月　メールにて）

子ども時代は楽しめるものは何もなく、母にもあまり接することがなかったように思います。記憶にあるといえるのかわかりませんが、今でもすいとんが好きなのは、あのころ、ご飯代わりに食べてた続きかな。今はすいとんもあまり見かけませんが、「ちくわぶ」がすいとんと同じ食感なので、なつかしく感じられます。

七十代男性（二〇二三年十月　メールにて）

お新香《しんこ》、糠漬《ぬかづ》け、冬になると白菜を樽《たる》に漬《つ》ける手伝いをした。古漬《ふるづ》けになるとうまい。

七十代女性（二〇二三年十月　メールにて）

料理のエピソードねぇ……。

私は、元々料理は得意ではないし、結婚してからもずっとお店をやりながら子育てしてたから。ゆっくり下ごしらえして時間をかけて作るより、短時間で作れて、おいしければそれが一番だよ！　それにちゃーちゃん（母）がいてくれたしね。

いつも同じ味の料理は、お店で食べればいいんじゃないかな。家で作るのは、そのたび味が違ってもみんなで楽しく、笑顔でワイワイ食べてお腹がいっぱい。それが家庭の料理だよ。

七十代女性（二〇二三年十月　メールにて）

「おふくろの味」といえば、「お菜《さい》の炊《た》いたん」です。小松菜《こまつな》などの青菜《あおな》と油揚げを炊いたものです。

小松菜の代わりにカブの葉っぱなどを、油揚げの代わりに天ぷら（関東でいうさつま揚げのこと）を使うこともあります。

実はこの料理、子どもの頃は嫌いでした。料理のレパートリーの少ない母は、「今日は何もないから、お菜でも炊こうか」と言って、しょっちゅう出されたからです。

小松菜の少し苦み（?）のある味も、子どもにとってはおいしいとは思えませんでした。でも、大人になってからは、ときどき無性《むしょう》に食べたくなるようになりました。

【余談】

この料理に「お菜の炊いたん」という名前があることを知ったのは数年前です。淡路《あわじ》島出身の友人がブログで「今日はお菜の炊いたんを作った」と写真入りで載《の》せていたのを見たのがきっかけです。ネットで検索してみると、「炊いたんは、京都の「おばんざい（お番菜）」の一種です」とありました。具体的な料理を指すのではなく、「だしや醤油、酒、砂糖などの調味料で食材を炊くという調理法を表す」とも書かれていました。

三十代女性（二〇二三年十月　メールにて）

「おふくろの味」……。

焦げた卵焼き……焦げたパンケーキ……焦げたお好み焼き……。ぱっと思い浮かぶのが焦げたシリーズです。うちの母は料理があまり得意ではなく、そして五人も子どもがいたので慌《あわ》ただしくていつも何かしら焦げてました。

三十代女性（二〇二三年十月　都内某所にて）

アメリカ東海岸で生まれた。アメリカにいたころの母の手料理で記憶に残っているのは、ラザニアである。それと、お好み焼き。日本のスーパーで「おかめソース」を買ってきたのを覚えている。

九歳のとき、日本に帰国した。商社マンだった父の駐在《ちゅうざい》期間は初めから決まっていたらしい。私だけ知らなかったので、急に帰国が決まった印象。日本に行くのを嫌《いや》だと思っていたせいか、帰国直前、病気になってしまった。私にとっては「帰国」というより、「日本に行く」という感じ。アメリカに住んでいた間、二回くらい日本に遊びに行った。幼稚園の「体験入学」をやらされて、すごく嫌だった。

帰国したのは、一九九六年、バブルがはじけたあと。子どもだったので「バブル」とか景気とか関係なかったが、日本人が去り、その代わりに韓国人がたくさんアメリカにやって来たという印象があった。

帰国してから母はなぜかラザニアを作らなくなった。今は、パエリアが得意。

母はとにかく忙しい人だった。アメリカにいるころに、大学院に行って修士号をとった。帰国してから、私が中学生くらいのころに、日本にあるアメリカの大学に行って博士号をとった。家にいるときの母で記憶に残っているのは、論文を書いている姿。私は母のそんな姿をみてきたので、勉強が好きになったし、同じ道を歩もうと思った。学会に行く母をかっこいいと思った。私も「学会」というところに行きたいと思った。念願かなって今は「学会」に行っている。

だから、母に対する感謝は、「おふくろの味」によるものではない。私にとっての食べ物は、「ヨシケイ」や「らでぃっしゅぼーや」（どちらも食材宅配サービス）が運んできてくれるもの。

今は母とは「スープの冷《さ》めない距離」に住んでいる。この前、マッシュルーム・スープを作ったので、母のところにもっていってあげた。私は大学在学中にアメリカに留学した。卒業後はイギリスの大学で博士号をとった。海外生活が長く、その間、自分で料理してきたので、自分で料理することに慣れている。母のこの料理が食べたいとか、そんなことは特に思わない。

結婚相手は料理ができる人がいいな。私の父も昔、豚汁《とんじる》を作ってくれた。それと、思い出すのは、チャーハンを食べるとき、父がいつもレンゲ一杯のお醬油を振りかけて食べていたこと。だから私は長い間、チャーハンというものは、そうやって食べるものだと思っていた。

〔私にも娘や息子がいたら、「学会に行くお母さん、かっこいい！」と思ってくれたのかもしれない。「学会」と「おふくろの味」というまったく関係のないトピックになったことは、「おふくろの味」の本質と運命を物語っている。このインタビューがたまたま最後になって、締《し》め括《くく》りとしてちょうどよかった。「おふくろの味」は「物語」なのである。母の愛を信じることができなかった、または、信じたいと切実に願う人が創りだす物語なのである。母から大きな愛を注がれて生きてきた人は、「おふくろの味」の物語を必要とはしない。その代わり、「学会」――またはその他が母の象徴となる。〕

おわりに

終わりは暴力的にやってくる。一九六〇年代という、私自身が子ども時代を過ごした年月と、小さな私を育てていた、まだ若く溌剌《はつらつ》としていたであろう母の姿を思い出しながら、本書を書くのは楽しかった。でも終わってしまった。今の心境は、「おふくろの味」よ、さようなら！」である。「お母さん、雅子はこんな本を書きましたよ！」と仏壇に向かって言った。仏壇の母は笑っていた。

今度は、皆さんが読んでくれて、温かいお言葉や時には厳しいお叱りのお言葉などをくださることを楽しみに待つばかりだ。私のことを個人的に知っている方々は、私自身の私的な事柄を興味をもって読んでくれて、かわいそうだと思ってくれたり、そのエピソードに合わせて、ご自分のご家族のお話をしてくださったりする。

それが楽しみだ。

書き終わると、編集者と編集長が読んでくれて、お二人とも必ず褒めてくれる（しかし同時にかなり直される)。それはこそばゆい。「文章がうまい」といってくださるのだが、「とんでもございません」と答える。謙遜《けんそん》しているのではなく、私としては、小さいときから文学とともに生きてきて、作文を書くと必ず先生に褒められ、将来は小説家になりたいと思っていたにもかかわらず、いまだに一冊の小説も書いていないことに忸怩《じくじ》たる思いがある。最近は、絶対に小説を書くという気持ちを鼓舞《こぶ》するために、「私は小説を書きたい!」と人々に宣言してまわっている。

小説を書くためには時間が必要だ。それと同様に、比較文学の専門家として、日本文学も英文学もやっていると時間が足りない。

私が目指すのは、小説家であるとともに、アメリカのプリンストン大学で私の師であった(と同時に親友でもあり父親代わりでもあった)アール・マイナー先生(一九二七―二〇〇四年)の『比較詩学』(*Comparative Poetics: An Intercultural Essay on Theories of Literature* 〈Princeton: Princeton University Press, 1990〉)のような本を書くことでもある。『比較詩学』は、キリスト教にベースをおいた文化圏の文学は明確な終わりをもつが、日本の『源氏物語』は、時の流れとともに物語が流されていくかのように終わりがない、ということを論じた本だ(もちろん、このような短い要約で全貌を伝えることは不可能だ)。

世界中のありとあらゆる文学作品に言及しながら、「西洋」的思考と「東洋」的思考の違いの本質を突いた本である。

世界中の様々な文学作品に言及するということは、常にその道の専門家に知識の欠如《けつじょ》を指摘される危険性があるということだ。「私は他のこともやっているから」は言い訳にはならない。実際、私はそんなに言われたことはないのだが、言われるかもしれない、という恐怖が大きい。

そういう苦しさがある。

序章でも述べた、帝京大学の公開講座を聞きにきてくれた卒業生が、「先生ってこんなこともやるんですね」と言った。そう思うのも無理はない。学生にお馴染《なじ》みの私の授業といえば、「通訳論」「英米文学入門」などである。

すると、その場にいた本書の編集者の菅原玲子《すがはられいこ》氏が、「でもすべてがつながってくるんですよね」と言った。私はそれに対して何の返事もしなかったように思うが、実は、あまりにも感動したから、返事ができなかったのである。「ここに私のことをわかってくれている人がいる!」という感動である。

「今までやってきたことは無駄ではなかった」という感動である。イギリス・ルネッサンスの詩に没頭していれば、学会の重鎮《じゅうちん》になれたかもしれないのに、私はどの学会でも外様《とざま》である。

今までやってきたことが無駄ではなかったという思いは、本書を書いているとき、初めて私のもとにやってきた。

映画「若大将シリーズ」における〈奇妙な反復〉と、それを通じて現出する「夢の世界」の議論は、西洋文学におけるミメーシス（簡単に言えば、世界を写しだす文学の機能）という概念を知っていればこそ、可能となる議論である。すなわち、「若大将シリーズ」は現実を写しだそうとはせず、別の世界を創りだそうとしているということだ。それと、『大学の若大将』のなかの「サラダ」を結びつけたのだ。

石坂洋次郎の『陽《ひ》のあたる坂道』における〈ビフテキの領域〉と〈トンカツの領域〉の議論は、一八世紀の英国における紅茶の表象を研究テーマの一つにしているからこそ、発想することができた。一八世紀の英国において、紅茶は「女性的」、コーヒーは「男性的」な飲み物だった。高価な紅茶を飲みながらお喋《しゃべ》りにうつつを抜かす女性たちは男性詩人によって大いに揶揄《やゆ》された。紅茶は「女性蔑視」の伝統のなかにあったのである。

次に書きたいと考えている本は『一八世紀の英国における紅茶の女性性』（仮題）だ。一見バラバラのトピックをやっているようにみえるかもしれないが、すべてはいずれ一つにつながってくる。いつの日か、アール・マイナー先生の『比較詩学』のような本のなかで、「西洋」も「日本」も自由自在に論ずることができればいいと思う。

最初に私のことを発見してくださったのは、三年前の二〇二〇年に遡《さかのぼ》りますが、私の論文――「ティーポットに変身する女性たち――アンブローズ・フィリップスの「ティーポットあるいは女性の変身」とアレクサンダー・ポープの『巻毛凌辱《りょうじょく》』」（帝京大学「外国語外国文化紀要」第九号、二〇一七年）――を読んでくださった、PHPエディターズ・グループの伊《い》藤利文《とうとしふみ》氏でした。伊藤氏と編集長（当時）の池谷秀一郎《いけやしゅういちろう》氏が何度か大学の研究室に足を運んでくださり、私の担当になった菅原氏とは、多摩地域の喫茶店でしばしばお会いし、長時間の話を重ねながら本を作っていきました。「本作り」とは、筆者が書き終わってからの道のりもかなり長いということを感じる、大変丁寧《ていねい》な編集作業でした。伊藤氏、池谷氏、菅原氏には心より感謝申し上げます。

「おふくろの味」インタビューに快く応じてくださった方々にも感謝申し上げます。皆様の生《なま》の声なくして、「おふくろの味」の多様な様相《ようそう》に辿《たど》りつくことはできなかったと思います。

なお本書は、帝京大学の先端総合研究機構によって付与された、チーム研究助成金による研究成果の一部です。当プロジェクト「食の比較文化」のメンバーである帝京大学外国語学部教授・閻淑珍《イエンシュチン》氏、共通教育センター教授・宇多浩《うたひろし》氏、短期大学人間文化学科准教授・上田仁志《ひとし》氏には、研究会での意見交換を通じて貴重なご意見をいただきましたことを感謝申し上げます。

二〇二三年十二月　　多摩地域の喫茶店で「モーニング」を食べながら

大野雅子

《著者紹介》
大野雅子（おおの　まさこ）
帝京大学外国語学部教授。専門は比較文学、イギリス・ルネッサンス文学。
1985年津田塾大学学芸学部英文学科卒業。1988年東京大学大学院人文科学研究科英語英文学専攻修士課程修了。1991年同博士課程退学。2003年プリンストン大学比較文学科博士号取得。スペンサーの研究者として知られ、文学における洋の東西を問わない博学により斬新な論を発表している。明治学院大学文学部英文学科、中央大学文学部英語文学文化専攻にて非常勤講師。
［著書］
『ノスタルジアとしての文学、イデオロギーとしての文化—『妖精の女王』と『源氏物語』、「ロマンス」と「物語」—』（英宝社）
『母恋い——メディアと、村上春樹・東野圭吾にみる“母性”』（PHPエディターズ・グループ）
『母なる海——『豊饒の海』にみる三島由紀夫の母恋い』（PHPエディターズ・グループ）
［共著］
Spenser in History, History in Spenser（大阪教育図書）
『詩人の詩人 スペンサー』（九州大学出版会）
『伝統と変革——一七世紀英国の詩泉をさぐる』（中央大学出版部）
など

おふくろの味
イデオロギーと郷愁、概念の変遷をめぐって

2023年12月31日　第1版第1刷発行

著　者　　大野雅子

発　行　　株式会社ＰＨＰエディターズ・グループ
〒135-0061　東京都江東区豊洲5-6-52
☎03-6204-2931
https://www.peg.co.jp/

印　刷
製　本　　シナノ印刷株式会社

ISBN978-4-910739-44-1